열정,
명인과 딴따라를
가르는 한 끗

사료 속 옛 음악꾼들에게 배우는 삶의 통찰

【일러두기】

- 이 책은《열정: 천한 광대 악인樂人의 비범한 삶》(현암사, 2006)의 개정판이다.
- 인용된 번역은 원문에 충실하되, 독자의 이해를 돕기 위해 풀어 썼다.
- 인명을 포함한 외국어표기는 국립국어원 외국어표기법과 용례에 따라 표기했으며 최초 1회 병기를 원칙으로 했다. 단, 본문의 이해를 돕기 위해 필요한 경우 다시 병기했다.
- 본문에 전집이나 총서, 단행본 등은《 》로, 개별 작품이나 편명 등은〈 〉로 표기했다.

사료 속 옛 음악꾼들에게 배우는 삶의 통찰

열정,
명인과 딴따라를 가르는 한 끗

서신혜 지음

역사의아침

나는 한국 고전문학을 전공한 국문학자다. 음악을 전공한 적도 없고, 특별히 잘 다루는 악기도 없다. 그저 음악이 좋아서 어려서부터 학교 밴드부 활동을 했고, 교회 성가대도 했다. 그러다 10여 년 전 모교 국악과 학생에게 한문을 가르친 것이 계기가 되어 옛 음악 자료에 관심을 갖게 되었다. 모은 자료를 삶에 대한 성찰과 연관시켜 만든 것이 이 책의 전신인《열정: 천한 광대 악인의 비범한 삶》이었다. 첫 출간 후 몇 년이 흐르는 동안 이 책에 대해 호응이 많았다. 국악 관련 매체에서 여러 번 다루었고, 고맙게도 전공자들 사이에서도 좋은 평이 이어졌다. 깊이 있는 옛 음악 자료를 비전공자도 이해할 삶의 이야기와 연결해 깊이 공감할 수 있었다는 것이 일반적인 평이었다. 쏟아지는 새 책 속에서 출간 이후 오래된 책은 묻히는 속성이 있으니 책을 다시 꾸며 달라는 요구도 있었다. 그 요청에 응한 것이 이 책이다.

개정하면서는 시대변화를 반영하는 데 힘썼다. 먼저 '원칙'의 문제를 다룬 한 장을 추가했다. 격변하는 세상 가운데에서 가장 중요한 것이 '흔들리지 않는 중심'이기 때문에 이 문제는 꼭 다루어야 한다고 생각했다. 또한 전작은 각 장이 소제목 없이 유창하게 읽히게 했지만, 스마트폰으로 이동 중에 짬짬이 글을 읽는 독자가 많아진 점을 고려해 내용을 짐작케 하는 소제목을 붙였다. 전체의 방향과 규모를 쉽게 알 수 있도록 총 열 개의 장을 다시 세 개의 부로 구분하기도 했다. 제1부에서는 한 분야에서 전문가가 되는 과정에서 생각할 것들에 대해 썼고, 제2부에서는 만인 가운데 특별한 사람이 된 이들의 특성에 대해 썼으며, 제3부에서는 음악이 삶의 여정과 어우러지는 사연을 적었다. 전작의 각기 흩어져 있는 것 같던 각 장의 연관성을 짐작할 수 있도록 구성했다. 이 모든 것은 독자가 좀더 쉽게 내용을 정리하며 읽을 수 있도록 한 배려.

이 책은 음악 관련 책이기도 하지만, 사실 그렇지 않기도 하다. 음악이라는 도구를 이용했을 뿐 궁극적으로 삶의 전반적인 주제를 다루었다. 그것이 음악가가 아닌 국문학자인 내가 이 책을 쓴 이유다.

2014년 1월
서신혜 삼가 쓰다

삶은
음악으로
가득 차 있다

음악과 전혀 상관없는 일을 하며 사는 이들에게 삶과 음악의 거리
는 어느 정도일까? 이 질문에 답하기 전에 우리가 다음의 단어를
어떻게 사용하는지 살펴보자.

"저 둘은 정말 금슬琴瑟이 좋은 부부야."

금슬은 본래 일반 거문고와 큰 거문고를 나타내는 말이었다. 이
것이 어우러져 함께 곡조를 맞추는 것이 꼭 부부가 조화롭게 사는
것과 같다고 해서 나중에는 '부부 사이'를 나타내는 말로 쓰였다.

"나는 내 마음을 알아주는 친구를 원해. 사람은 누구나 지음知音
을 원하지 않을까?"

지음은 백아伯牙와 종자기鍾子期의 고사에서 나온 말이다. 백아가

연주하는 거문고를 듣기만 해도 종자기는 백아가 어떤 뜻으로 그 음악을 연주하는지 알아챘다. 그래서 본래는 '음을 알다'라는 단순한 단어가 연주 의도를 알아챌 만큼 마음이 통하는 '친한 친구 사이'를 나타내는 말로 뜻이 변했다.

"일할 의욕을 고취鼓吹시킬 방법을 찾아보세요."

고취는 본래 북을 치며 피리를 분다는 말이다. 전쟁에서는 북과 피리로 군사들을 격려했다. 때문에 나중에는 '사기를 북돋우다'는 의미로 '고취시키다'라는 말을 널리 사용하게 되었다.

이런 단어들은 우리가 삶에서 흔히 사용하는 것들이다. 음악에서 나온 말인 줄 모르고 사용하는 단어인 것은 분명하다. 겨우 세 가지 예를 들었지만 훨씬 더 많은 예가 있다. 음악은, 그리고 음악 용어는 우리 삶 깊숙이 들어와 있다. 음악인들만의 전유물이 아니다.

옛날에는 음악의 중요성을 지금과는 비교도 할 수 없을 만큼 잘 인식하고 있었다. 유교에서는 이상적인 사회를 이룩하는 정치원리로 시와 예와 음악을 들 정도였다. 다산茶山 정약용丁若鏞은 《여유당전서與猶堂全書》 제1집 〈악서고존서樂書孤存序〉라는 글에서 음악이 얼마나 중요한지 매우 잘 설명했다.

예로 외면의 행동을 절제하고 음악으로 내부의 마음을 화평하게 한다.

절제는 행동을 바르게 해주는 것이요, 화평은 덕을 기르게 해주는 것

이라, 두 가지 가운데 어느 하나도 없어서는 안 된다. 더구나 덕은 안이
자 근본이다. 중용의 마음이 안에 간직되어야 효도나 우애, 화목이 밖
에서 이루어지는 것이니, 음악이야말로 사람을 교화하는 데에 맨 먼저
힘써야 할 것이다.[*]

그의 설명에 의하면, 예는 외면의 행동을 절제하고 음악은 내부
의 마음을 화평하게 한다. 절제는 행동을 바르게 해주는 것이요, 화
평은 덕을 기르게 해주는 것이라서 두 가지 가운데 어느 하나도 없
어서는 안 된다. 더구나 덕은 안이자 근본이다. 중용의 마음이 안에
있어야 효도나 우애, 화목이 밖에서 이루어지는 것이니, 음악이야말
로 사람을 교화하는 데에 맨 먼저 힘써야 할 것이다.

정약용이 잘 설명한 대로 음악이란 특정한 재주가 있는 사람이
하는 것이 아니라 모든 사람이 해야 하는 것이요, 모든 사람에게 필
요한 것이다. 반드시 먼저 힘써야 할 근본이다. 이 근본이 이루어져
야 마음이 평온해지고 덕을 기를 수 있으며, 행동도 절제할 수 있
다. 그 근본을 바로 음악으로 이루는 것이다. 그러니 누가 음악과 음
악 관련 이야기를 자신과 상관없는 것이라고, 특정 분야 사람들만

---

[*]정약용, 《여유당전서》. "禮以節外, 樂用和衷, 節乃制行, 和則養德, 二者不可偏廢, 抑德內也本
也, 存乎內者中和祇庸, 斯孝友睦婣成於外, 則樂之於以敎人所先務也."

알면 된다고 말할 수 있으랴.

　그래서 우리는 이 책에 담긴 음악 관련 이야기 모두를 인생이라는 차원에서 접근할 수 있다. 음악으로 산 사람들의 삶을 살펴서 썼지만, 모든 사람은 음악 아닌 다른 도구로 산다는 것만 다를 뿐 모두 비슷한 인생을 살고 있다. 세상의 모든 것은 따지고 보면 그 원리가 하나다. 삶의 어떤 부분을 보든 그것을 깊이 파고들고 섬세하게 접근한다면 어디에서 시작하든 모든 곳에 적용시킬 만한 결론을 낼 수 있다. 음악을 통해 우리 모두의 삶을 이야기할 수 있는 이유가 이것이다. 우리는 음악을 통해서 오늘의 삶을 좀더 진지하게 생각해볼 수 있다. 누구든 조금만 주의한다면 여기에 담은 수많은 사람의 우직한 열심과 진지한 열정과 흔들림 없는 지조를 볼 수 있다. 그리고 스스로 '지금까지 어떻게 살아왔는가', '앞으로는 어떻게 살 것인가'에 대해 돌아보고 반성할 수도 있다. 그래서 모든 이에게 이 이야기는 의미가 있다.

熱情

제1부

몰입으로 최고가 된 사람들

1. 수련

: 명인으로 거듭나다

누구나 한번쯤 이런 상상을 한다. 어느 날 자고 일어났더니 시엔엔 CNN에서 나오는 앵커의 말을 다 알아들을 수 있고, 하고 싶었던 말이 영어로 술술 나온다면, 붓을 몇 번만 놀려도 그것이 모든 사람의 시선을 사로잡을 만한 명화名畵가 된다면, 망치 하나 들고 건물에 들어가 기둥 몇 곳을 두드려보고도 그 건물의 안전도를 정확히 진단해낼 수 있다면 어떨까 하는 상상들 말이다. 영어를 모국어처럼 구사하고, 거침없이 자유로운 터치로 멋진 그림을 그리며, 몇 번의 망치질을 통해 들려오는 소리로 건물의 상태를 알아차릴 수 있게 되기까지 겪는 고통과 인내의 시간은 어느 누구도 생각지 않는다.

천한 몸종 계집이 당대의 소리꾼이 된 사연

그러나 이런 사람의 이야기를 같이 읽어보자. 조선 중기 문신 유
몽인柳夢寅은 그의 책에 여성군礪城君 송인宋寅의 여종이던 석개石介
의 일화를 소개했다. 그녀는 어찌나 못생겼던지 얼굴은 늙은 원숭
이 같고 눈은 대추씨 같았다. 무슨 사연이 있었는지는 확실치 않으
나 어린 나이에 홀로 먼 지방에서 와 여성군의 시종이 되었다. 송인
은 당대 세력가에다 재산도 풍족했으며 친척까지 모두 대단한 사람
들이었다. 세도에 걸맞게 그의 집에는 곱게 단장한 미인이 많았으며,
종의 수도 이루 다 셀 수 없을 정도로 여럿이었다. 석개같이 못생긴
종이야 주인 곁에 가까이 갈 기회를 얻지 못하는 것이 당연했고, 수
많은 미인 사이에서 천대받기 일쑤였다. 석개는 허드렛일이나 힘든
일만 해야 했다.

　어느 날 석개에게 물을 길러 오게 했다. 지금같이 수도 시설이 잘
되어 있던 때가 아니라, 물을 길으려면 마을 한가운데에나 있는 공
동 우물까지 가야 했다. 석개는 나무통을 머리에 이고 가서는 물을
푸는 것은 딴전이고 우물 난간에 통을 걸어놓은 채 노래만 불렀다.
종일 우물가에 앉아 노래를 부르다보면 자기가 왜 그곳에 왔던가를
까맣게 잊고 말았다. 그러다 문득 해가 저문 것을 알고서야 빈 통
을 이고 서둘러 돌아왔다. 종일토록 부른 노랫소리만 통 속에 가득

할 뿐이었다. 종년이 일을 그따위로 한다고 번번이 흠씬 매를 맞았다. 그런데 다음 날이면 또 까맣게 잊어버린 채 여전히 노래만 부르다가 돌아왔다.

한번은 약초를 캐오라고 보냈더니, 석개는 바구니를 들판에 놓아두고서는 옆에 자갈을 가득 모아다 쌓았다. 그런 후 노래 한 곡을 부를 때마다 돌멩이 하나씩을 바구니에 집어넣었다. 바구니가 가득 차면 노래 한 곡을 마칠 때마다 반대로 자갈을 꺼냈다. 이렇게 채우고 쏟기를 몇 번 하다보면 또 날이 저물어 빈 바구니만 들고 돌아왔다. 종이 늦잠을 잤을 리도 없으니 석개는 아침 일찍 들에 나갔을 것이다. 석개는 날이 저물어 돌아올 때까지 수십 곡, 아니 수백 곡을 불렀을 것이다. 긴 하루 동안 온 정신을 집중해 노래를 부르다보면 전날 맞았던 일도 전혀 생각나지 않았을 것이다. 그렇지 않아도 못생겨서 주인 곁에는 얼씬도 하지 못하고 허드렛일만 하는 계집종이 그나마 하라는 일도 제대로 하지 못하고 늘 그 모양이니 그녀는 온 집안의 밉상이었다. 매를 맞고 구박을 받으며 미쳤다고 따돌림도 많이 당했다. 그래도 노래하는 것만은 멈추지 않았다.

일이 그 지경에 이르다보니 주인 여성군의 귀에까지 이야기가 들어갔다. 여성군은 오히려 그 행동이 특이하다며 제대로 노래를 배우게 해주었다. 결국 석개는 장안 제일의 명창이 되었다. 유몽인이 그의 일을 이야기하면서 "근래 100년 동안 그녀만한 명창이 다시없었다" 했으니 대단한 실력자가 된 것을 알 수 있다.

석개가 처음부터 노래를 잘했던 것은 아니다. 유몽인의 기록에 의하면 "나무하는 아이나 나물 캐는 소녀들의 흥얼거리는 소리에 불과할 뿐 제대로 된 노래도 아니었다"고 한다. 그렇다면 그의 노래 솜씨는 들으나 마나다. 그러던 그녀가 체계적인 배움으로 소리를 다듬을 수 있었다. 결국 석개는 다시 태어났다.

어떤 이는 석개가 운이 좋아서 주인 덕에 노래를 배우게 된 것이 아니겠냐고, 자신도 열심히 할 수 있으나 다만 운이 없어서 성공하지 못했을 뿐이라고 할 만도 하다. 물론 그녀는 운이 좋았다. 안목이 있는 주인을 만났으니 말이다. 그런데 정말 그것뿐일까. 그와 같은 몰두와 연습이 없었다면 주인의 귀에 그의 이야기가 들렸을 리 없고, 그 주인이 자기 종을 위해 직접 주선해서 노래를 배우게 해주었을 리 없다. 석개가 운을 만난 것이 아니라 그의 열심과 몰두가 기회를 만들었던 것이다. 조선 중기 우의정을 지낸 심수경沈守慶의 책에 이런 기록이 있다.

여성군 송인의 계집종 석개는 가무에 능하여 당시에 견줄 만한 이가 없었다. 영의정 홍섬洪暹이 절구 세 수를 지어주고 좌의정 정유길鄭惟 吉, 영의정 노수신盧守愼, 좌의정 김귀영金貴榮, 영의정 이산해李山海, 좌 의정 정철鄭澈, 우의정 이양원李陽元과 내가 연이어 화창하고, 나머지 다른 재상도 여럿 화답하여 드디어 두꺼운 시집을 이루었다.

조선시대 창기娼妓는 양반의 노리개요 소유물 정도에 불과한 신분이었다는 것을 생각한다면 한 명의 창기를 위해 당대의 쟁쟁한 정승들이 다투어 시를 지어주어서 두꺼운 책 한 권을 만들었다는 것은 그야말로 파격적이다. 심수경의 이 기록은 "근래 100년 동안 그녀만한 명창이 다시없었다" 했던 유몽인의 표현이 과장이 아님을 충분히 설명해준다.

유몽인은 이 기사를 쓴 후에 "아! 천하의 일은 열심히 한 후에 이루어지는 것이니 어찌 석개의 노래만 그러하겠는가! 겁을 내어 굳은 마음을 세우지 못한다면 무슨 일을 성취할 수 있겠는가"*라고 했다. 진정 명인名人은 그냥 이루어지는 것이 아니다. 천하의 모든 일은 열심히 한 후에야 이루어지는 것이다. 수련 과정의 망막함과 어려움이 겁나 머뭇거리면 영원히 그 자리 그대로일 뿐이다. 열심히 하지 않으면 절대 이룰 일이 없는 것이 천하의 이치다.

---

*유몽인, 만종재본萬宗齋本《어우야담於于野談》. "吁! 天下之事, 勤而後成, 豈獨石介之歌歟. 懦而不立, 何事能就."

열정, 명장을 탄생시키다

박지원朴趾源의 《연암집燕巖集》 〈형언도필첩서炯言挑筆帖序〉에 석개와 비슷한 사람이 하나 나온다. 학산수鶴山守다. 그는 산에 들어가 연습하면서, 노래 한 곡을 할 때마다 모래를 주워 신발에 던졌다고 한다. 그렇게 하다가 신발이 모래로 가득 차야만 집에 돌아왔다. 모래의 크기와 신발의 크기를 생각해보라. 노래 한 곡조에 모래 한 알씩을 채웠다 하니, 도대체 몇 곡이나 불러야 신발이 모래로 가득 찰까? 차마 그 수를 헤아릴 수 없다.

신발에 모래를 넣으며 연습한 그의 노래 실력이 어땠는지를 박지원은 명확히 말하지 않았다. 학산수가 도적을 만난 이야기로 보여줄 뿐이다. 어느 날 학산수가 산길을 홀로 가다가 도적 떼를 만났다. 죽이려 하는 도적 떼 앞에서 그가 바람결에 얹어 노래를 했더니 도적이 모두 감격해 눈물을 흘렸다고 한다. 사람의 본성이 선한가 악한가에 대해 옛날부터 성악설이네 성선설이네 하며 공방이 계속되었으나, 도둑이 되고 싶어 도둑이 된 자가 얼마나 되겠는가. 굶주리는 부모와 처자식을 보면서 어쩔 수 없어 그 길에 들어서고, 날마다 죽을 듯이 일해도 입에 풀칠하기 힘든 상황에 내몰려 손에 칼을 든 사람이 부지기수다. 박지원의 소설 〈허생전許生傳〉에도 허생이 도둑들에게 아내와 소를 한 마리씩 구해주자 그들 모두가 눈물을 흘리며 양민으로 돌아가 사는 이야기가 나온다. 삶에, 상황에 몰려서 어쩔 수 없이 도둑이 된 그들의 마음에는 늘 그늘이 있고 아픔이 있으며 평범한 삶을 향한 그리움이 있었을 것이다. 학산수의 노래 는 그런 그들의 마음을 울리고 달래며 위로하는 경지에 다다른 것 이다. 산속에서 부른 한 곡 한 곡이 힘든 삶에 메말라버린 도적 떼 의 마음을 어루만지고 상처를 보듬어 감화시켰던 것이다. 그저 기 분 내키는 대로, 보통 사람처럼 노래 연습을 하며 하루하루 보냈다 면 오늘날 그에 대한 기록이 남았을 리 없다.

박지원은 같은 글에서 학산수 외에 조선 초기 명필 최흥효崔興孝 와 유명 화가 이징李澄의 일화를 함께 이야기했다. 최흥효는 조선 세 종世宗 때에 홍문관 제학을 지낸 인물인데 특히 예서와 초서를 잘 써서 세상에 명필로 널리 알려졌다. 세종은 아버지 태종이 승하하 자 그의 명복을 빌기 위해 금으로《법화경法華經》을 쓰게 했는데, 이 때 최흥효가 유계문柳季聞, 안지安止와 함께 그 명령을 수행했다. 한 나라의 왕이 돌아가신 자기 아버지를 위해 불경을 쓰게 했다면 나 라에서 최고 중에 최고를 선발했을 것이다.

박지원이 소개한 것은, 최흥효가 전국을 대표하는 명필로 뽑히 기 전의 모습이다. 최흥효가 과거시험 답안지를 작성하다가 자신이 쓴 글씨 가운데 하나가 왕희지王羲之의 필체와 비슷하게 보였다. 신 기한 듯 넋을 잃고 종일 앉아 그것만 보다가 차마 제출하지 못하고 자기 품에 넣은 채 돌아왔다고 한다. 조선 초기의 과거시험 제도는 3년에 한 번 돌아오는 식년시式年試와 국가에 큰 경사가 있을 때 치르는 증광시增廣試, 왕이 성균관에 직접 가서 실시하는 알성문과謁聖文科가 있을 뿐이었다. 오늘날 공무원 임용 시험같이 매년 있는 것도 아니고 한 번에 수백, 수천 명을 선발하는 것도 아니었다. 큰 경사가 늘 있는 것도 아니었을 테니 시험을 치를 기회라도 얻는 것이 얼마나 어렵고 중요했는지 알 수 있을 것이다. 그런데 최흥효는 막상 과거시험 답안을 작성하다가 어떤 한 글자가 왕희지의 글씨와 비슷하다고 제출을 포기하고 답안지를 들고 나왔다고 한다. 도대체 왕희지가 누구이길래 그랬을까?

왕희지는 중국 한나라 때의 서예가다. 흔히 서예 필체는 전서·예서·해서·행서·초서 등 다섯 가지로 나누는데 전국시대부터 진나라 때까지 전서와 예서만이 공식문서에 사용되었다. 그러다 한나라 때에 이르러 실용적인 용도로만 사용하던 해서·행서·초서를 예술적인 수준으로 끌어올렸던 주인공이 바로 왕희지다. 예술가 중에는 인정받지 못하고 고생하며 살다가 죽어서야 세상을 떠들썩하게 만드는 경우가 많으나 왕희지는 생존 당시에도 높은 평가를 받았다. 왕을 비롯한 온 나라 사람이 막대한 값을 치르더라도 그의 필적을 얻고자 했다. 중국 문물에 대한 외경심이 짙었던 조선 선비들 역시 왕희지의 서체에 열광했다. 오늘날까지도 서예를 하는 사람이면 누구나 왕희지의 서첩書帖을 놓고 그것을 따라 하며 비슷하기를 구할 정도다.

최흥효가 종일토록 넋을 놓고 바라본 그 한 글자, 그리고 그것을 차마 제출하지 못하고 품고 나온 그 한 행동은 지나온 3년을 버리고 앞으로 있을 3년을 포기하는 행동이었다. 평소에 했던 간절하고도 끊임없는 연습과 숱한 실패가 있었기에 단 하나의 비슷한 글자에 그토록 사로잡힐 수 있었던 것이다. 왕희지 같은 필체를 얻기 위해 얼마나 많은 시간을 왕희지 글씨를 보며 따라 썼을지는 굳이 말하지 않아도 되리라. 그런 까닭에 세종조에 유명했던 서예가 최흥효의 이름이 지금까지 전한다.

박지원은 여기에 한 사람 이야기를 더 보탠다. 바로 이징이다. 어느 날 어린 이징이 감쪽같이 사라졌다. 아이가 사라졌으니, 집안이 발칵 뒤집혔을 터이다. 온 집안을 다 찾아보고 문 밖에도 뛰어나가 아이를 본 사람이 없냐고 일일이 붙잡고 물어도 보았으나 어느 곳에도 흔적이 없었다. 날도 저물었는데 아이는 온데간데없었다. 어디서 배고파 울고 있지 않을지 혹 어떻게 잘못된 것은 아닌지 가족의 가슴이 새카맣게 탔다. 그날도 그 다음 날도 아이는 보이지 않았다.

이징의 집에서는 사라진 아이를 사흘 만에야 찾았다. 아이는 뜻밖에 집 다락에서 나왔다. 다락은, 아이가 사흘 동안 밤낮 없이 배고픈 줄도 모르고 무서운 것도 잊은 채 그린 그림으로 가득 차 있었다. 아비는 아이를 찾자마자 홧김에 몽둥이를 들었다. 겨우 한 대 때렸을 뿐인데 아이는 눈물을 뚝뚝 떨구며 울었다. 그러다 제가 흘린 눈물이 언뜻 새 모습처럼 보였다. 아이는 저도 모르게 눈물을 찍어 새를 그리고 구름을 그렸다. 그 모습에 때리는 아비는 그만 손에 힘이 풀리고 말았다. 그 아비는 〈월하탄금도月下彈琴圖〉, 〈고사탁족도 高士濯足圖〉 등 명화를 남긴 16세기 대표적인 문인화가 이경윤李慶胤이고, 이징은 그의 서자다. 아픔도 잊은 채 그림에 몰두하는 아이를 어찌 나무랄 수 있겠는가? 아비는 그런 아들의 모습에서 자신의 모습이 어른거려 오히려 기특했을 것이다.

이징은 인조시대에 궁중의 그림을 그리는 일을 관장하는 도화서 圖畫署의 화원畫員이 되었다. 왕은 물론이요 모든 이에게 인정을 받아, 금가루를 사용해 그림을 그리는 등 궁중에서 파격적인 대우를 받았다. 지난 시절의 열렬한 몰두와 연습이 있었기에 가능한 일이었다.

여기서 고민이 생긴다. 뭐든 열심히 해야 하는 것은 알지만 잘되지 않는 게 문제다. 늘 생각만 하다가 별다른 점 없이 시간을 보내 버린다. 그러다가 사람은 특별한 충격이 가해질 때 비로소 변한다. 다만 충격이 왔을 때 정신을 차리지 못하고 그냥 분하다는 생각만 하다가 잊어버린다면 늘 그 자리에서 같은 조롱을 당하며 살다가 죽는 것이다.

충격적인 경험을 계기로 새로운 사람이 된 이로는 단양 사람 우평숙禹平淑을 들 만하다. 그는 용모가 못생기다 못해 매우 특이하게 생겼다 한다. 젊을 적에 여러 소년과 함께 창기를 따라 술을 마실 때, 소년들은 모두 노래를 잘 불렀지만 우평숙만 못했다. 음치였던 것이다. 그러자 초옥이란 기생이 "용모가 그렇게 수려하고 재능조차 많으시니, 어찌 호미나 쟁기 잡고 농사짓는 일을 하겠어요!" 하며 짐짓 놀렸다. 그녀의 말을 직접적으로 하면 '못생긴데다 재주도 없으니 농사꾼이나 할 것이지 주제넘게 기생집은 무슨 기생집이야' 쯤 될 것이다. 예나 지금이나 외모가 경쟁력인 것은 사실이지만, 못생긴데다 노래까지 못한다고 이렇게 수모를 당한데서야……. 게다가 기생이면 당시 천한 신분의 사람이 아니던가. 그런 충격적인 수모를 당한 후 우평숙은 말 그대로 분발했다.

날마다 바람이 세차고 물소리 요란한 산골짜기에 들어가 노래 연습을 했다. 박연폭포 앞에 서서 며칠 동안 악악 소리를 질러대며 노래를 했다. 그러자 겨우 음의 높낮이를 조금 알게 되었다. 그 뒤로도 멈추지 않고 계속 노래했다. 목구멍에서 핏덩이가 나올 만큼 혹독한 수련을 했다.

오랜 연습 끝에 결국 우평숙은 폭포 소리를 뚫고도 그의 노랫소리가 들릴 만큼 풍부한 성량을 지닌 사람이 되었다. 이후에 우평숙은 자신의 소리를 시험해보고 싶어 예악의 본고장 평양 시내에서 노래를 했다. 그 소리에 평양 관찰사의 고임을 받던 기생이 반해서 둘은 사랑에 빠졌다. 관찰사는 둘의 형태가 괘씸해 억지 트집을 잡아 우평숙을 옥에 가두었다. 우평숙이 그날 밤에 자기 신세를 한탄하며 노래를 불렀는데, 달빛 낭랑한 고요한 밤에 울리는 그 노래에 감동한 관찰사가 결국 그를 석방했다.

우직함이 만들어낸 감동

한 분야에서 유명한 사람이 되기 위해서는 남다른 노력을 해야 한다는 사실을 누구나 안다. 알면서도 그렇게 하지 못하는 것은 조급함 때문이다. 쉬운 길을 찾고 싶은 마음 때문이다. 이럴 때 열자列子가 소개한 중국 정나라의 사문師文이라는 음악가를 생각해볼 만하다.

사문을 말하기 전에 우선 호파瓠巴에 대해 알아야 한다. 호파의 거문고 솜씨는 거의 신기에 가까워 거문고를 타면 새들이 춤을 추고 물고기가 신이 나서 물 위로 뛰어올랐다고 한다. 호파는 거문고를 탈 줄 아는, 또는 음악에 관심이 있는 모든 이의 우상이었다.

어느 날 사문이 호파의 이야기를 들었다. 그리고 자신도 음악을 하기로 결심했다. 사문은 당시에 유명했던 사양師襄의 문하에서 음악을 배웠다. 《사기史記》〈공자세가孔子世家〉에 의하면, 일찍이 공자孔子도 사양에게 음악을 배웠다 한다.

그런데 스승 사양이 보니, 사문이라는 제자가 자기 밑에서 거문고를 배우며 연습한 지 3년이나 지났건만 한 곡조도 떼지 못하는 것이었다. 보다 못한 사양은 사문더러 집으로 돌아가라고 했다. 이때 사문은 말했다.

　　"제가 거문고 음을 맞추지 못하는 것도 아니고, 한두 곡조 연주를 하지 못하는 것도 아닙니다. 다만 저는 한두 곡조 연주하는 것에 뜻을 두지 않고, 오직 마음속으로 소리의 어떤 경지를 체득하려고 할 뿐입니다. 아직까지 속으로 얻은 것이 없어서 연주를 하지 않는 것뿐입니다. 조금만 시간을 더 주고 지켜봐주십시오."

　　아무리 능력이 없는 사람이라도 연습하면 한 곡조 정도야 며칠 만에 연주하지 못할 리가 없다. 그런데 사문은 3년 동안 수련을 했어도 완벽하게 소화한 곡조가 없다고 했다. 그는 그 3년 동안 무엇을 했을까? 열자는 그 과정에 대해 입을 다문 채, 나중에 사문이 스승에게 제 발로 찾아와 한 곡조 연주해보겠다고 하는 장면을 보여준다.

　　때는 봄이었다. 그가 상현商弦을 연주해 남려南呂*의 소리를 내니 갑자기 서늘한 바람이 일고 나무들이 열매를 맺었다. 한 번 우연히

---

*동양 음악에서, 십이율의 열째 음. 음력 8월에 해당한다.

그리된 것도 아니었다. 가을에는 각현角弦을 연주해 협종夾鐘*의 소리를 내었더니 때 아닌 온화한 바람이 한들한들 불고 초목들이 꽃을 피웠다.

사문은 마음에서 우러나오는 감정으로 악기와 하나가 되기 위해 피나는 노력을 했다. 그만두고 싶은 생각이 끊임없이 일었다. 그래도 참으며 홀로 외로운 싸움을 했다. 스승이 "자네는 능력이 없는 것 같으니 그만두게"라고까지 말할 정도면 주위에서는 또 얼마나 놀렸을까?

그러나 인내와 수련의 시간을 보낸 후로는, 그의 거문고 소리에 따라 자연까지 반응할 정도가 되었다. 어릴 적 부러워했던 호파와 같이, 음악으로 새·물고기·자연을 감동시킬 수 있게 되었던 것이다. 다른 사람들 역시 사문과 같이 될 수 있었을 것이나, 그들에게는 사문과 같은 마음이 없었다. 그들에게 음악은 그저 기교에 불과한 것이지 감동과는 거리가 먼 것이었다. 대부분의 수련생은 기교만을 얻은 채로 음악의 모든 것을 배운 양 떠나갔다. 기교를 터득하는 것은 그리 오랜 시간을 요구하지 않는다. 그러나 감동은 다른 문제다. 우선 내 마음에 흡족하고, 남이 듣기에 조화롭고, 나를 둘러싼 자연까지도 춤추고 노래하게 하기 위해서는 한 단계 더 나아간 수련

---

* 동양 음악에서, 십이율의 넷째 음. 음력 2월에 해당한다.

이 필요하다. 거기엔 많은 기교를 연마하는 것과는 비할 수 없는 수련과 시간이 필요하다. 다른 수련생들은 그 시간을 견디지 못했기에 그저 그런 평범한 음악인으로 사라져갔다.

'미친놈' 소리를 묵묵히 참으며 꾸준히 수련을 한 사람이 여기 또 있다. 조선시대 종실宗室 임성정任城正이다. 그는 본래 예능에 취미를 두어 때때로 연주하더니, 거문고로 당대 제일이 되었다. 음악에 조예가 깊었던 것으로 알려진 세종이 그를 두고, "임성정의 거문고에는 독특한 가락이 있다. 다른 사람이 미칠 수 있는 경지가 아니다" 하고 말하기도 했다.

임성정의 집은 숭례문 밖에 있었다. 임성정은 매일 아침 일찍부터 밤늦은 시간까지 대문에 걸터앉아 두 손을 번갈아 들며 무릎을 쳤다. 하루 이틀도 아니고 장장 3년 동안 그런 행동을 했다. 모두들 그가 미쳤다고 소곤거렸다. 왕실의 족속이니 면전에서 손가락질하지는 못했을 것이나 사람의 감정은 마음에서 마음으로 전해지는 법이다. 어찌 남들의 따가운 시선과 멸시를 몰랐으랴. 하지만 그는 미친 것이 아니라, 수련 중이었다. 남의 시선에는 눈을 감고 그는 연습에만 열중했다. 결국 장고의 명인이 될 수 있었다.

또 얼마 뒤에는 밤낮으로 입가에 손을 대고 손가락을 놀리기를 그치지 않았다. 누가 찾아와도 아랑곳하지 않고, 바로 앞을 지나며 인사를 해도 꿈쩍도 하지 않았다. 남들은 이유를 몰랐기에 3년 동안 밤낮 없이 손만 움직이는 그를 미치광이라 놀렸다. 저런 오만한 사람을 봤냐고 기분 나빠 하는 사람도 늘어갔다. 하지만 그 역시 미치광이였던 것이 아니요, 오만한 사람이었던 것도 아니었다. 오직 피리 연습에 열중한 것이었다. 놀라운 점은 비가 오나 눈이 오나 한결같이 그렇게 했다는 것이다. 끝내 그는 피리의 명인이 되었다.

세상 모든 것을 잊은 채 자신과 치열하게 싸워가며 장고를, 또 피리를 연습했던 것이다. 눈을 빤히 뜨고도 누가 바로 앞을 지나는지조차 몰랐다고 하니 그야말로 무아지경에 빠져 오직 한 가지만 생각했던 사람이라 하겠다. 우리는 타악기나 관악기 등 모든 것에 솜씨가 있었던 임성정만을 기억하지 3년 동안 한결같이 한 장소에 앉아서 똑같은 것만을 연습했던 그 광적인 노력은 잊어버리기 쉽다. 그러나 진정 잊지 말아야 할 것이 바로 그 노력이다.

유가의 선비는 모든 일에 의롭고 바르며 진중하게 행동해야 했다. 분노와 아픔과 그리움을 함부로 표현할 수 없었다. 그들도 인간이기에 자신의 마음을 숨기는 것이 쉽지만은 않았다. 음악은 그런 선비의 마음을 위로하며 다스려주는 유용한 도구이며 감정을 표현할 수 있는 벗이었다. 세조·연산군·안평대군 등 왕이나 왕족은 물론 수많은 정승·벼슬아치·양반이 음악에 조예가 깊었다. 그들 스스로가 한 나라를 대표할 만한 실력의 음악가이기도 했다. 그런 면에서 "다른 사람이 미칠 수 없는 경지에 올랐다"는 세종의 평가는 더욱 의미가 있다. 박연朴堧이라는 대음악가의 지음이었던 세종이 칭찬할 정도이니 임성정이 그 오랜 수련을 통해 이룬 경지는 더 말할 필요가 없다.

순암順菴 안정복安鼎福은 이와 같은 임성정의 일화를 소개하면서 "선비가 만일 임성정처럼 전념하여 도타이 한다면 무슨 일인들 하지 못하겠는가"*라고 하기도 했다. 연암 박지원도 "학문하는 방법은 다른 것이 없다. 모르는 것이 있으면 길 가는 사람이라도 붙잡아 그에게 물어보는 것이다"**라고 했다. 자신이 소유한 재산이나 나이, 처한 환경, 가진 지위를 생각하며 자만하지 않고, 오직 나의 부족을 채우기 위해 끝없이 노력하는 그 우직한 열심을 이길 사람은 없다.

조선시대에는 출세와 성공의 길이 오직 학문에 있었다. 그렇기 때문에 안정복과 박지원은 이 모든 것을 '공부'와 연결시켰다. 지금에 와서 우리가 공부에만 연결시킬 까닭이 없다. 우리가 만약 임성정처럼 전념한다면 어떤 분야, 어떤 종류의 일이든 이루지 못하랴. 중요한, 유명한, 뛰어난 인물이 되느냐 아니냐는 오직 한 가지에 달렸다. 한 대회 우승으로 몇백억 달러를 벌어들인 어느 운동선수를 부러워하기 전에 그가 보낸 오랜 연습시간과 숱한 실패의 경험, 그

---

* 안정복,《상헌수필橡軒隨筆》하편. "爲士者, 若如任城之用之專篤, 何事不做."
** 박지원,《연암집》〈북학의서北學議序〉. "學問之道, 無他. 有不識, 執塗之人而問之."

리고 그것을 딛고 계속 달린 지난날을 기억해야 하는 것이다. 변함없이 오래도록 같은 지점에 떨어지는 낙숫물이 결국 단단한 돌도 꿰뚫게 된다는 것은 다들 아는 일이다. 변함없는 피나는 노력을 이길 장사는 없다.

2. 시련

: 눈먼 뒤에야 들리는 소리

잔소리란 들을 때는 지겹지만 듣지 않으면 허전한 소리라고 한다. 듣는 이는 맞는 말인 줄, 옳은 소리인 줄 다 알면서도 실천이 되지 않는 것인데 말하는 이가 자꾸 이야기하면 그게 바로 잔소리다. 그러나 그 잔소리는 대개 듣는 이가 잘되라고 하는 소리인 줄 알기에 잔소리를 하는 사람이 사라지고 나면 끝없는 애달픔과 허전함이 느껴지는 것이다.

망치에 많이 맞은 철이 더 강하고 날카로워진다는 것은 상식이다. 이 상식을 들먹이며, 어려움이 있어도 이겨내야 성공할 수 있다고들 한다. 이 말을 들으면 천 번 만 번 똑같이 반복되는 잔소리를 듣는 것처럼 심드렁하다. 그렇다고 하니 그런 줄 알겠으나 왠지 들기 싫고, 나중에 성공한다고 하더라도 당장은 아픔을 겪고 싶지 않은 것이 사람의 마음이다. 그러나 보고 또 보며, 살피고 또 살펴도 시련 없이 이루어지는 일이 없고, 시련의 극복 없이 대가大家를 이룬 사람은 없는 것 같다.

눈을 잃고 이룬 신의 경지

김운란金雲鸞만 봐도 그렇다. 그는 조선시대 성균관 진사進士였다. 그런데 진사시에 합격한 후에 병을 앓아 시력을 잃었다. 선비의 출셋길은 오직 높은 학식과 견문으로 벼슬길에 오르는 것뿐이었다. 그 부푼 꿈을 안고 정진하고 있던 젊은 진사가 시력을 잃었으니, 이는 벼슬길이 막힌 것만이 아니라 삶의 목적을 상실한 것이었다. 사람들과도 이전처럼 사귈 수 없는 지경이 되었던 것이다. 극심한 외로움과 방황만이 그를 반길 뿐이었다.

　조선시대 장님은 점치는 일을 하는 경우가 많았다. 《춘향전春香傳》에도 길을 가던 장님이 옥에 갇힌 춘향이의 꿈을 해몽해주는 장면이 나온다. 시력을 잃은 김운란은 무엇을 할까 고민했다. 그러나 아무리 생각해봐도 선비로서 점치는 일을 할 수는 없었다. 결국 모든 시름을 담아 쟁箏을 타는 법을 배웠다. 김운란은 인생의 벼랑에서 있는 자신의 비통함과 슬픔을 담아 쟁을 연주했다. 쟁은 중국의 속악에 속하는 13현의 악기로, 주로 제례악에서 사용했다. 슬픔이 클수록 김운란은 오직 쟁으로만 자신을 달래었고 쟁에 온 심혈을 쏟다보니 그 솜씨가 '신의 경지'에 들어섰다.

대상이 없는 깊은 분노와 울분, 앞날에 대한 걱정 등으로 머리가 복잡하다보니 쉬이 잠자리에 들 수 없었다. 밤이 깊어 온 세상이 고요하니 이제는 외로움까지 더했다. 몇 시간을 뒤척이다 아예 자리를 박차고 나와 남산 기슭에 서서 쟁을 연주했다. 하늘의 해를 볼 수 없는 것과 다시는 과거시험에 나가 대과大科를 치를 수 없는 것, 또 음사蔭仕로라도 벼슬길에 나설 수 없는 것, 보통 사람처럼 선비들과 왕래하며 교제할 수 없는 것 등을 슬퍼하면서 이 끝없는 슬픔을 쟁에 담아 연주했다.

남산 기슭에 옛 사당이 있었다. 그 담장에 기대어 연주를 했다. 곡조가 매우 서글펐다. 몇 곡조나 연주했을까. 갑자기 사당에서 흐느껴 우는 소리가 났다. 마치 물 끓는 소리처럼 곡소리가 계속 났다. 김운란은 크게 놀라 쟁을 들고 줄행랑을 쳤다. 알고 보니 사당 안의 귀신들이 김운란의 쟁소리에 너무 슬퍼 일제히 통곡을 한 것이었다.

이 기사를 남긴 유몽인은 기사의 맨 끝에 "곡조가 오묘하여 귀신까지 감동시키기를 이처럼 한 것이다" 하고 썼다. 그렇다. 곡조가 너무나 오묘했기에 감동시키는 대상을 살아 있는 사람에게만 국한하기에 아까웠던 것이다. 실명하는 시련이 없이 어찌 그가 이런 신의 경지에 들 수 있었으랴.

뭐니 뭐니 해도 예술가들이 겪는 가장 보편적인 시련은 가난이다. 오늘날은 예술에 대한 인식이 많이 바뀌어서 좀 다르지만, 옛날이야 예술계에 종사하는 사람들 치고 가난하지 않은 사람이 없었다. 글을 쓰는 사람이나 그림을 그리는 사람이나 음악을 하는 사람, 모두가 그랬다.

가난한 음악가라 하면 쉽게 떠올릴 수 있는 사람이 신라 자비왕慈悲王 때 거문고 연주자 백결白結 선생이다. 그는 옛 경주 지역에 있던 낭산狼山 밑에 살았는데 집이 매우 가난해서 옷을 100번이나 기운 것이 마치 메추라기 터럭 같았다. 당시 사람들이 동쪽 마을 백결 선생이라고 불렀다. 메추라기 터럭은 누덕누덕 기운 옷의 모양이 그와 같다고 해서 오늘날까지도 가난을 상징하는 말로 쓰인다. 오죽 가난했으면 100번이나 꿰맨 옷을 입은 사람이라고 별명을 붙였으며, 그것이 본명처럼 전해졌을까.

백결 선생의 집은 가난해서 굶기를 밥 먹듯 했다. 그러다 설을 앞둔 연말이 되었다. 사방 이웃에서는 방아를 찧는 소리가 종일 들렸다. 평소의 가난이야 더 말할 것도 없지만, 1년에 한 번 있는 설 명절인데도 음식 하나 없이 이웃의 떡방아 소리만 들어야 하는 상황에 처하고 보니 신세가 더 처량했다. 아내가 푸념을 하다못해 남편을 원망했다.

"남들은 모두 곡식이 있어서 방아를 찧는데 우리는 없으니 무엇으로 설을 쇠겠습니까?"

백결 선생이 하늘을 우러러 한탄하면서 다음과 같이 말했다.

"대체로 죽고 사는 것은 운명이고 부귀는 하늘에 달려 있는 것이오. 그것이 오는 것을 막을 수 없고 가는 것을 붙좇을 수도 없지요. 그런데 부인은 어찌 속상해하는 것이오. 내가 당신을 위해 방아 노래를 지어 위로해드리리다."

백결 선생이 거문고를 뜯어 방아를 찧는 소리를 내어 아내의 마음을 위로했는데, 그 소리가 정말 방아를 찧는 소리와 똑같았다고 한다. 세상에서는 이것을 〈방아타령〉이라 한다. 《삼국사기三國史記》 〈열전列傳〉의 기록이다.

박지원의 소설 〈허생전〉에서 허생이 10년 공부를 목표로 그저 방에 앉아 책만 읽고 있을 때 허생의 아내는, "어디 가서 도적질이라도 못 해오슈?"라며 욕을 했는데 이 기사에 나타나는 백결의 아내는 좀 얌전하다. 어찌 그러했을 것인가? 글쓴이가 축소했을 뿐이다. 예나 지금이나 계속되는 극심한 경제적 궁핍은 사람을 사납게 하는 법이다. 그 경제적 궁핍에 집중하며 사느냐 다른 것에 관심을 돌리며 이겨내느냐에 따라 그가 느끼는 고통에는 차이가 있을 수 있겠지만 말이다.

백결의 행적은 자세하지 않으나, 영해 박씨 족보에 의하면, 그의 이름은 박문량朴文良이며 414년 신라 충신 박제상朴堤上의 아들로 태어났다. 478년에 모든 관직을 떠나 향리로 돌아가서 궁색한 생활을 하다가 말년에 종적을 감추었다고 한다. 워낙 오래전 인물에 관한 이야기라 족보를 완전히 믿을 수 있을지는 의문이나 일단 족보를 토대로 생각해보자.

박제상은 417년, 신라시대 지방관 과운데 7등에 해당하는 삽량주歃良州의 간干으로 있다가, 눌지왕訥祗王의 명을 받아 고구려에 볼모로 가 있던 왕의 동생 복호卜好를 구했다. 곧바로 일본에 건너가 볼모로 잡혀 있던 왕자 미사흔未斯欣을 고국으로 탈출시켰으나, 자기는 붙잡혀 기시마[木島]에 유배되었다가 죽었다. 박제상의 부인은 산에 올라 일본을 바라보며 남편을 기다리다 그대로 망부석으로 변했다는 전설이 전해진다. 이것이 사실이라면 백결은 5세 무렵 고아가 되었다는 말이다. 왕은 박제상에게 대아찬大阿飡 벼슬을 추증하고, 그의 둘째딸을 미사흔과 결혼시켜 그 충절에 보답했으나 어떻게 된 것인지 백결은 늘 가난했던 것으로 보인다. 또한 어린 나이에 고아가 되었으니 그 삶이 순탄치는 않았을 것을 금방 알 수 있다.

가난으로 얻은 소리

백결 선생이 아내를 위로하며 한 말, 즉 부귀는 하늘에 달려 있어서 사람이 발버둥을 쳐봐야 얻을 수 없는 것이라는 이 말은 어릴 적부터 이유 없이 겪었던 가난과 외로움의 고통을 달래며 수십 번 수백번 되뇌었을 자기 위로의 말이다. 백결 선생은 반복적인 자기 최면으로 고통을 이기며, 힘들면 힘들수록 거문고에 더 집중했다. 극심한 가난에도 절망하지 않고 마음을 다잡으며 거문고를 연주했던 백결 선생이 지었다는 〈대악碓樂〉, 즉 〈방아타령〉은 이렇다.

동쪽 이웃 방아 소리
서쪽 이웃 다듬이 소리
동서 이웃 방망이 소리
설 쇨 채비 풍성하건만
우리 집에는 항아리 비었고
상자 안에는 천 조각도 없네.

누더기 옷에 나물국을 먹어도
영계기榮啓期 거문고로 배부르고 따스했네.
여보! 여보! 속상해하지 마오.

부귀는 하늘에 달렸으니 어찌 구하리.

팔 베고 잠을 자도 사는 맛 지극했던

양홍梁鴻과 맹광孟光은 진정 좋은 짝이었네.*

    앞의 문단에서는 이웃과 대비해 자신의 집의 상황을 말하고, 뒤의 문단에서는 아내를 위로하는 목소리를 직접 드러내었다. 마지막 구절의 양홍과 맹광은 아내가 남편을 깍듯이 공경해 밥상을 눈썹에까지 들어서 올렸다는 거안제미擧案齊眉라는 고사의 주인공들이다. 맹광이라는 못생긴 여인이 '가난하지만 곧은 양홍 같은 선비'에게 시집가겠다며 노처녀로 늙고 있었다. 이 소식에 양홍은 주저 없이 그에게 청혼했다. 그런데 혼인 후 며칠이 되었는데도 양홍은 맹광과 잠자리를 같이하지 않았다. 이유를 묻자 "내가 바라는 여자는 화려하게 치장한 여인이 아니오"라 했다. 맹광은 이때부터 치장하지 않고 함께 농사지으며 욕심 없이 살았다. 후에 양홍이 조정의 정치를 비판한 시를 지은 일이 발각되어 그들 부부는 오나라로 망명했다. 남편은 방앗간지기를 하고 부인은 날품팔이를 하는 극심한 가난 속에서도 맹광은 남편에게 깍듯이 대하며 늘 눈을 내리깔고 밥

---

* 백결, 〈대악〉. "東家砧舂黍稻 / 西家杵搗寒襖 / 東家西家砧杵聲 / 卒歲之資贏復贏 / 儂家窖乏飯石 / 儂家箱無尺帛. // 懸鶉衣兮藜羹椀 / 榮期之樂足飽煖 / 槽妻槽妻莫謾憂 / 富貴在天那可求 / 曲肱而寢有至味 / 梁鴻孟光眞好逑."

상을 눈썹까지 들어 올려 바쳤다고 한다. 백결 선생은 가난 속에서도 변함없이 남편의 뜻을 존중하며 서로 예우했던 그들 부부처럼 살고 싶었나 보다.

절대적으로 빈곤한 백결 선생네 집이었으나 명절에는 주위의 소리를 들으며 상대적으로 더욱 빈곤함을 느꼈다. 옛사람들의 고사나 천명에 관한 생각이 과연 얼마나 그들을 잡아주었는지는 모르겠다. 이렇게 빈 방아 소리로 위로하며 보내기를 또 몇 년이나 했을 것인가? 그러나 그런 과정을 통해 백결 선생의 거문고 솜씨가 날로 깊어졌다는 것만은 확실하다.

김부식은 《삼국사기》에서 평소 백결 선생이 중국 영계기의 사람됨을 흠모해, 거문고를 가지고 다니면서 기쁘고 화나며 슬프고 즐거우며 불평스러운 일을 모두 거문고로 표현했다고 한다. 그가 특별히 흠모했다는 영계기는 과연 어떤 인물인가? 《열자列子》〈천서天瑞〉편에서 그에 관한 기록을 볼 수 있다.

공자가 태산을 유람하다가 영계기가 성郕지방 들판을 거니는 것을 보았다. 그는 사슴가죽으로 만든 옷에 새끼줄로 띠를 맨 채 거문고를 두드리며 노래하고 있었다. 공자가 그의 모습을 보고는 어째서 그리 즐거워하느냐고 물었다. 그러자 영계기가 대답했다.

"내가 즐거운 이유는 매우 많지요. 하늘이 만물을 낼 적에 오직 사람이 가장 귀한 존재인데, 내가 사람으로 태어났으니 이것이 첫 번째 즐거움이요, 남녀는 구별이 있어서 남자가 귀하고 여자는 천하다 하여 남자를 귀하게 여기는데 나는 남자로 태어났으니 이것이 두 번째 즐거움입니다. 사람이 세상에 나서 해와 달도 보지 못한 채 강보에서 죽는 이도 있는데 나는 이미 90년을 살았으니 이것이 세 번째 즐거움입니다. 가난은 선비의 일상사요, 죽음은 사람의 당연한 마침입니다. 당연한 일상에 처하여 당연한 마침을 하게 되었는데 어찌 근심하겠습니까."

공자는 영계기의 이 말을 듣고 탄복했다. 그 사람이야말로 "스스로 넉넉할 수 있는 사람"*이라면서 감탄하기를 마지않았다 한다.

만물의 영장이라는 사람으로 태어나서 기쁘고, 남존여비의 사회에서 여자가 아닌 남자로 태어났으니 기쁘며, 요절하는 자가 많은데 90세 넘게 장수했으니 기쁘다는 내용이다. 영계기처럼 생각한다면 세상에서 행복하지 않은 사람이 어디 있으랴. 행복한 이유를 어찌 이루 다 꼽을 수 있겠는가. 내친 김에 우리도 영계기처럼 기뻐하며 감사할 것을 찾아볼 일이다. 오늘 아침에도 변함없이 태양이 뜨고 날이 밝았으니 기뻐할 만하고, 어느 때나 쉽게 마시고 숨 쉴 공기가 있으니 기뻐할 만하며, 걷지 않고 지하철이나 버스를 탈 돈이 있으니 기뻐할 만하며, 미숙아를 낳지 않고 열 달을 다 채워 아이를

---

*《열자》〈천서〉. "能自寬者也."

낳았으니 기쁘고 감사할 만하다.

이런 것들 때문에 기뻐하는 영계기를 흠모한 백결 선생이라면 위와 같은 상황에서 오히려 아내를 위로하는 노래를 부를 수 있었을 듯하다.

망국의 슬픔을 예술에 담다

그렇지만 영계기나 백결 선생같이 살기가 어디 쉽겠는가? 이들의 일은 보통 사람들에게는 그저 딴 나라 이야기일 뿐이다. 여전히 가난은 누구에게나 고통스러우며, 남들이 알아주지 않는 이들이 당하는 잔인한 시련이다. 이때 명나라의 유명한 문장가이자 화가인 서위徐渭의 글을 읽어볼 만하다. 서위는 시와 글씨, 그림 모든 면에서 일가를 이룬 대단한 인물로 평가된다. 조선시대 후기 임백년任伯年 같은 이는 그를 너무 사모해서 서위가 《산해경山海經》을 읽는 모습을 그림으로 표현하기도 했을 정도다. 그러나 생전의 서위는 알아주는 이 적고 끝없이 가난하기만 한 평범한 사내였다.

어느 날 장태사張太史가 큰 눈이 내린 새벽에 서위에게 양가죽 조끼와 술을 보내니 서위는 즉시 감사하다는 편지를 보냈다. 새벽까지 눈이 내려 더욱 춥고, 가난해 배도 곯고 있던 터에 가죽옷과 술을 보내주시니 어쩌면 이렇게 적절하냐며 정중하게 감사의 말을 보냈다. 그러고는 심부름꾼이 한 말을 덧보탰다. 심부름꾼은 이랬다 한다.

"바람도 신분 높은 나리 집에는 여름에만 지나가고 저희 집에는 겨울에만 지나갑니다."

그 이야기를 인용한 후 서위는 다른 말을 일체 하지 않은 채 오직 "일소一笑", 즉 "한 번 웃었답니다"라는 두 글자만 붙여 글을 마무리 짓는다.

서너 줄 될 법한 짧은 편지를 보내면서 그 가운데 반이나 차지하게 심부름꾼의 이야기를 썼던 것은 무슨 까닭일까? 어찌 그 말이 그 심부름꾼만의 이야기랴. 바로 서위 자신의 생각이며, 자신의 아픔인 까닭이다. 알아주는 이가 없는 예술가의 삶을 살면서 '세상은 왜 이리 고통스러운가', '남들은 편안하게 잘만 사는 것 같은데 나만 왜 이리 힘드나' 하며 얼마나 탄식했을까. 세상에서 자신이 겪는 아픔이 가장 혹독한 아픔이며 가장 견디기 힘든 아픔인 것을 생각하면 가슴 한쪽이 저려오는 것 같다. 그러나 서위는 그 시련을 넘어 중국뿐 아니라 옆 나라 조선에서까지 흠모의 대상이 되었다.

가난보다 더 극심한 어려움은 무엇일까? 자신의 존재 기반 자체가 흔들릴 정도면 가난보다 더 심한 어려움이라 할 만할까? 그렇다면 자신을 알아주며 격려하던 왕과 태어나 자란 나라까지 모두 잃고 망국신민이 되었던 우륵于勒은 가장 극심한 시련을 겪은 음악가라 할 수 있다. 그에 대한 기록이 자세하게 나와 있지는 않으나 《삼국사기》를 통해 조금이나마 알 수 있다.

음악을 매우 좋아했던 가야의 가실왕嘉實王은 음악적 재능이 뛰어났던 우륵을 각별히 아꼈다. 어느 날 왕은, 여러 나라의 말이 각기 다르니 소리를 어찌 한 가지로만 할 수 있겠냐면서 중국 악기 쟁을 연주하던 우륵을 격려해서 우리 땅에 맞는 우리 악기를 만들어보게 했다. 그래서 나온 것이 가야금이다. 《삼국사기》 기사에서는 가야의 가실왕이 당나라 악기를 보고 가야금을 만들었다고 했으나 왕의 명을 받아 누가 만든 것이면 으레 그렇게 표현한다.

왕은 또 우륵에게 명해서 그 가야금에 맞는 곡을 짓게 했다. 중국 악기 쟁이 우리 형편에 맞지 않아 개량해서 가야금을 만들었으니 악곡 역시 우리 형편에 맞게 만들어내야 한다는 생각 때문이었다. 그래서 〈상가라도上加羅都〉, 〈하가라도下加羅都〉, 〈보기寶伎〉, 〈사물思勿〉 등 열두 곡을 지었다. 곡의 제목은 모두 당시 동네의 이름을 따서 붙인 것이다. 오늘날 이 이름들은 해당 지역 민요 연구에 긴요한 자료가 된다.

자신의 재능을 알아주는 임금을 만나 재능과 열정을 한껏 펴보려 했는데, 이 열두 곡을 지은 지 얼마 되지 않아 우륵은 망국신민이 되었다. 신라가 가야를 멸망시켰던 까닭이다. 나라가 망하자 우륵은 악기를 들고 신라 진흥왕眞興王에게 투항했다. 왕은 그를 받아

들여 지금의 충주에 해당하는 국원 땅 탄금대彈琴臺 주변에서 편안히 거처하게 했다. 금을 타는 누대라는 뜻인 탄금대라는 이름은 우륵 때문에 생긴 것임을 알 수 있다. 망국의 아픔 가운데서도 그는 가야금 연주를 게을리하지 않았고 이에 따라 소리가 더욱 공교해졌다.

진흥왕은 그의 뛰어난 자질을 알고 이것을 신라 땅에 전하고 싶었다. 그래서 우륵을 끊임없이 격려하는 한편 신라 17관등 가운데 10등에 해당하는 벼슬인 대내마大奈麻를 하고 있던 주지注知와 계고階古, 12등에 해당하는 대사大舍 벼슬을 하는 만덕萬德을 보내어 그 재주를 전수받게 했다. 우륵은 그들에게 열두 곡을 가르쳤다. 악곡을 연주할 때마다 악곡의 제목이 떠오르고 그 빼앗긴 고장이 떠올라 가슴을 후려쳤다.

세 사람은 그 열두 곡을 배운 후 서로 의논한 끝에 그 가운데 번다하고 음란한 것을 제외하고 우아하고 바르다고 여긴 다섯 곡만 남겼다. 나중에 우륵이 그것을 들었다. 처음에는 불같이 화를 냈다. 감히 내 나라를 없앴듯이 내 곡조를 없애다니…… 우선 들어보자고 벼르고 있었는데 막상 다 듣고 나니 오히려 그 곡조가 더 절절했다. 사라진 조국과 흩어진 동포들에 대한 아픔의 눈물, 자신의 처지에 대한 회한의 눈물은 그칠 줄 몰랐다. 그는 탄식하며 이렇게 말했다 한다.

"즐거우면서도 방탕하지 않고, 애절하면서도 슬프지 않으니 '바르다'고 할 만하구나. 너희가 왕 앞에서 그것을 연주하여라."

눈물을 흘리며 그들을 보내어 왕 앞에서 연주하게 했다. 진흥왕은 그 다섯 곡조를 듣고 크게 기뻐했다.

이어지는 기록을 보면, 우륵이 이후에도 평생 힘든 삶을 살았음을 짐작할 수 있다. 우륵의 가야금 곡조를 조정에서 연주하게 되자 대신들이 모두 나서서 "망국의 음악을 조정에서 연주하는 것은 잘못된 일"이라 했으나 나라가 망한 것과 음악은 별개의 문제라며 진흥왕은 그들의 의견을 물리쳤다. 신라에서의 우륵의 삶이 어떠했는지 짐작할 만하다.

오늘날 가야국은 망해서 흔적도 없지만 가야금은 전한다. 그리고 그 가야금과 함께 우륵 역시 위대한 음악가의 한 사람으로 변함없이 전승된다. 앞으로도 그럴 것이다. 개인이 통과했을 시련의 삶! 그것이 육체의 어떤 결함이든 지독한 가난이든, 그것도 아니면 자기 삶의 터전인 나라의 멸망이든 그런 극심한 시련을 통과하고 나서야 만년토록 전해질 한 인물이 드러날 수 있는 것이다. 누가 뭐라 해도 이를 부정할 수는 없다.

3. 깨달음

: 사소한 차이, 큰 결과

경덕왕景德王 시절의 신라인 옥보고玉寶高는 지리산 운상원雲上院에 들어가 무려 50년 동안 거문고를 익힌 끝에 새 곡조 30여 곡을 만들어내었다. 그 후 그가 거문고를 타면 어디선가 검은 학이 날아와 그 곡조에 맞춰 춤을 추었다. 그래서 거문고를 현학금玄鶴琴 또는 현금玄琴이라고 하게 되었다.

남들은 이미 만들어진 것들을 가지고 근사하게 연주하려고 노력하는 것에 그칠 때 어떤 이는 새로운 창조를 해낸다. 그리고 사람은 물론 동물까지 춤추게 만든다. 그와 다른 이들의 차이는 무엇인가?

몰입과 노력이 가져다준 결실

한 분야에서 내로라 할 만한 개성을 드러내며 성과를 내놓은 이를 두고 일가一家를 이루었다고 한다. 스승이나 또 다른 누구를 그대로 따라 하는 사람에게는 가家라는 이름을 붙이지 않는다. 자기만의 독특한 그 무엇을 갖춘 사람, 남들은 하지 못했던 어떤 깨달음을 얻어 이를 '자기 것화한 사람'이라야 비로소 제가諸家의 하나로 인정해준다. 기준이 무엇인가? 자득自得의 여부다.

《장자莊子》〈추수秋水〉에 이런 이야기가 있다. 중국 전국시대 조趙나라 한단邯鄲지방 사람들의 걸음걸이는 유난히 멋있었다. 연燕나라 수릉壽陵에 살던 한 청년이 이것을 배우겠다고 한단에 갔다. 그는 날마다 거리에 다니는 사람들을 보면서 따라 했다. 몇 주, 몇 달 동안 했지만 잘되지 않았다. 포기하고 원래 걷던 대로 걷기로 했다. 그러나 그는 한단 사람들의 걷는 법을 배울 수 없었을 뿐 아니라, 원래 자신이 걷던 방법마저 잊어버렸다. 이때부터 그는 한 걸음 한 걸음 뗄 때마다 발을 어떻게 들고 또 어떻게 놓을지 생각하고, 두 다리의 조화를 생각하며, 보폭에 대해서도 주의해야 했다. 그러다보니 마음대로 움직이지 못하고 몹시 힘이 들었다. 그는 결국 네 발로 기어서 자기 나라로 돌아올 수밖에 없었다. 이 일을 두고 '한단의 걸음걸이 배우기', 즉 한단학보邯鄲學步라고 한다. 자신의 본분을 잊고 남을 흉내 내면 둘 다 잃게 된다는 것을 경계한 비유다.

　명나라 말기의 문학자 원굉도袁宏道는 "자고로 옛날은 옛날의 때가 있고 지금은 지금의 때가 있다. 옛사람의 언어의 자취를 본뜨면서 억지로 예스럽다고 하는 것은 추운 겨울에 여름 갈옷을 입는 것과 같다"*면서 옛날 것을 무조건 따라 하는 글짓기 방식을 비판한 적이 있다. 사계절 내내 더운 동남아 지역의 옷이 좋아 보인다고 겨울에 그 옷을 입은 채 돌아다닌다면 우리는 망설임 없이 그를 미쳤다고 할 것이다. 겨울에 칡덩굴이나 모시로 만든 옷을 입은 사람을 어찌 볼지는 뻔한 일이다.

　물론 이것은 극단적인 예다. 남의 어떤 것이 부러워 열심히 따라 하다보면 어느 수준까지는 이를 수 있다. 하지만 비슷하게 흉내 내는 것을 최종 목적으로 하지 않는다면, 세상을 놀라게 할 만한 뛰어난 일인자가 되고 싶다면, 자신만의 독특한 한 분야를 개척한 일가로 인정받고 싶다면 따라 하는 것을 넘어선 자신만의 깨달음이 필요하다. 때문에 그런 자신만의 깨달음, 자신만의 소리를 얻기 위해 노력한 이들의 일화가 끊임없이 전해진다.

　송실솔宋蟋蟀이 바로 그런 사람이다. 송실솔은 이세춘李世春, 유송

---

* 원굉도, 〈설도각집서雪濤閣集序〉: "夫古有古之時, 今有今之時. 襲古人言語之迹, 而冒以爲古, 是處嚴冬而襲夏之葛者也."

년柳松年 등과 함께 18세기 숙종肅宗·영조英祖 시절에 활동했던 가객歌客이다. 이세춘이라 하면 시절가조時節歌調, 즉 시조라는 용어를 만들어낸 인물이라 중·고등학교 교과서에서 한 번쯤 들어보았을 것이다. 송실솔은 이세춘 등과 함께 이 시기의 대표적 가객으로 꼽힌다. 서평군·양평군陽平君 등의 왕실 종친이 송실솔이나 이세춘 등의 후원자로 자처하며 함께 노닌 기록이나 그림 등이 많이 남아 있다.

실솔이 본명은 아니고 많은 곡조들 가운데 〈실솔곡蟋蟀曲〉을 특히 잘 불러서 붙은 별명이라 한다. 실솔蟋蟀은 귀뚜라미를 한자로 표현한 것이다. 곤충 가운데 귀뚜라미는 끊임없이 아름답게 노래하는 곤충으로 꼽힌다. 때문에 '실솔'이라는 이름으로 불리는 것은 그만큼 노래를 잘하는 사람이라는 뜻도 된다.

이옥李鈺은 〈가자송실솔전歌者宋蟋蟀傳〉이라는 글을 통해 송실솔이 수련을 할 때의 일과 그 수련 끝에 얻은 소리에 관한 내용을 소개했다. 실솔은 어려서부터 노래하기를 배워 일찍 소리가 트였다. 그러나 여기에 만족하지 않고 세찬 폭포수가 내리찧는 것 같은 곳을 찾아 거기에서 날마다 노래를 했다. 하루, 이틀, 1년을 계속하자 오직 노랫소리만 있을 뿐 폭포 소리는 들리지 않았다. 모든 소음을 뚫고서 웅장하게 널리 울릴 소리 내기를 연습했던 것이다. 그랬더니 세찬 폭포수 가운데에서도 소리가 살아 움직였다.

이번에는 북악산 꼭대기에 가서 그 아득함에 기대어 황홀히 노래를 불렀다. 처음에는 곡조가 갈라져 하나로 융합되지 못했다. 또 연습을 했다.

빈 강당에서 연습할 때는 그 울림이 좋고 소리도 커서 자못 멋지게 들리지만, 막상 관객이 꽉 찬 후로는 사람이 소리를 빨아들이는 듯 울림도 달라지고 소리도 뻗어나가지 못하는 경우가 많다. 노래방에서 멋지게 마이크를 잡고 반주를 크게 틀어놓은 채 노래를 하면 스스로 가수가 된 듯 멋진 노래가 되더니, 야유회를 가서 같은 노래를 하면 사방 들판으로 소리가 흩어져버려서 왠지 초라하고 힘없는 노래가 되었던 경험을 한 사람이 많을 것이다. 그러니 어느 장소, 어느 상황, 어떤 사람들 앞에 서도 그들을 압도하며 스스로의 재능을 다 드러낼 수 있는 경지에 든다면 우리는 주저 없이 그를 전문가라고 부를 것이다.

송실솔은 그런 전문가가 되기 위해, 가객으로 일가를 이루기 위해 연습을 게을리하지 않았다. 산꼭대기에 서면 그곳에는 빈 하늘만 있을 것이다. 소리가 부딪혀 반사될 곳 없는 허공에서도 하나로 합해져 울릴 수 있는 소리를 낼 때까지 연습했다. 그런 지 1년여 만에 결국 어떤 것도 뚫고 나갈 수 있는, 어느 곳이라도 소리를 모아 울릴 수 있는 경지에 올랐다. 자신만의 오묘한 소리를 얻었다.

소리를 얻은 송실솔은 본격적으로 사람들 있는 곳에서 노래를 하기 시작했다. 그가 노래하면 소리가 얼마나 묘하던지 누가 어디서 그런 소리를 내고 있는지조차 알 수 없었다. 어느 장소의 어떤 울림이나 어떤 공기 흐름도 동일한 힘으로 뚫었기 때문이다. 그가 방에서 노래하면 소리가 들보를 맴돌며 울리고 마루에서 노래하면 소리가 문에 있으며 배에서 노래하면 돛대를 떠돌고 시내나 산에서 노래하면 소리가 구름 사이를 맴돌았다. 징 소리처럼 굳세고 구슬처럼 맑으며 연기처럼 가벼워 구름에 가로 걸린 듯도 할 뿐 아니라, 꾀꼬리 울듯 곱고 용이 울부짖듯 진동했다.

또 그의 소리는 어느 것과 합쳐도 교묘하게 조화를 이루었다. 거문고와도 어울리고 생황이나 퉁소에도 어울려 그 묘한 소리를 다했다. 큰 강이 작은 흐름들을 가리지 않고 모두 받아들이듯, 큰 산이 어떤 모양의 돌이나 흙이든 상관없이 모두 품고 있듯 그의 음악 색은 높고 넓고 컸다. 그래서 그 어떤 것과 만나도 조화를 이루며 어우러질 수 있었던 것이다.

어릴 적에 소리가 트인 것에 만족했더라면, 그는 그저 그런 가객 가운데 하나가 되었을 것이다. 허공에서도, 강한 소음 속에서도 목소리를 자유자재로 움직일 수 있는 경지가 되기까지 노력했기에 오늘날 그를 대가大家라 부른다.

송실솔과 같은 시기에 활동했던 가객 유송년도 함께 생각해볼 만하다. 성대중成大中의 《해총海叢》에 기록된 이야기다. 유송년은 글하는 양반 가문에서 태어나고 재산도 제법 있는 사람이었다. 하지만 어려서부터 노래에 관심이 많았고, 제법 솜씨가 있다는 이름도 얻었다. 그러나 스스로는 아직 뭔가 부족하다 느꼈다. 그는 재령 지방에 1년에 1,000여 석 넘게 수확되는 넓은 땅을 가지고 있었다. 어느 날 이 땅을 처분해 당시 관서 일대에서 소리로 유명한 지방인 성천에 갔다. 그는 술판을 벌여 그곳 기생을 모두 초대하며 놀다가 노래 한 곡조를 뽑았다. 절창이었다. 기생들도 각기 감탄하면서 함께 노래했다. 유송년은 그 가운데 가장 노래를 잘하는 기생 하나를 택해 많은 비용을 들여 치장시키고 말·하인·음식 등을 준비했다. 또 선천지방의 유명한 가객 계함장桂含章을 동반해 관서 일대를 유람했다. 산수가 좋은 곳을 만나면 기생은 거문고를 뜯고 유송년과 계함장은 노래를 했다. 그렇게 몇 년 지내는 사이에 유송년의 노래는 크게 이루어져 자타가 공인하는 수준이 되었다.

조선시대에 가객은 천한 신분의 사람으로 치부되었다. 하지만 유송년은 양반이었으되 스스로 가객이기를 자처했고, 양반의 예교를 버리고 가정까지 팽개친 채 자신의 음악을 완성하기 위해 모든 것을 내던졌다. 자기가 가진 전부를 탕진하는 대신 음악의 높은 경지를 찾았다. 그래서 그는 예술가의 반열에 올라설 수 있었다. 누구든 그냥 일가를 이루는 사람은 없다. 물론 그는 유람을 하며 노래를 하는 사이에 돈이 다 떨어졌고, 빈털터리로 집으로 돌아왔을 때 노모와 처자식은 굶주리고 있었다고 한다. 예술의 경지를 선택할 것인가 양반의 예교와 가족의 부양을 생각할 것인가 등 어떤 삶을 선택할 것인가는 개인의 몫이다. 그 선택에 따른 책임은 온전히 그에게 남는다. 그는 폐허가 된 가정과 가족을 보면서 말년에 더욱 구슬픈 음색으로 노래했다고 한다. 혹 유람을 떠나지 않고 그저 그런 음악인으로 남았다면 그가 행복했을까? 그 질문에도 선뜻 우리는 답할 수 없다. 예술적 지향과 몰입은 옳고 그름의 문제로 접근할 수 없는 면이 있다. 본인도 어쩔 수 없는 자아의 세계와 충동에 스스로도 휩쓸릴 수 있다. 그렇게 해서 얻는 처절한 결과는 가슴 아프지만 왠지 연약한 인간의 실존이라는 생각도 든다.

스승이 가르칠 수 없는 것

흔히 사람들은 성공하기 위해서 스승을 잘 만나야 한다고 한다. 그래서 비싼 수업료를 지불하고서라도 최고의 실력자에게 배우려고 줄을 선다. 최고의 실력자에게 배우면 금방 최고가 될 수 있다는 듯이 거리가 얼마나 되는지는 아랑곳하지 않고 몇 시간씩 비행기를 타고 가서까지 그분에게 배운다. 그러나 최고의 실력자에게 기술을 모두 전수받았다고 해서 그 사람 역시 최고가 되는 것은 아니다.

《한비자韓非子》에는 조趙나라 양자襄子가 왕오기王於期에게 말 타는 법을 배우는 이야기가 나온다. 왕오기는 춘추시대에 말을 잘 부리는 것으로 유명했던 왕량王良이다.

맹자는, 태도를 조금 고쳐서 현실정치에 참여한 후에 기회를 봐서 왕도정치王道政治를 구현하라는 제자의 말을 단호히 거절한 적이 있다. 이때 맹자는, 속임수를 써서 말 모는 것을 단호히 거절한 조간자趙簡子의 수레꾼을 예로 들며 "자기를 굽히면서 남을 곧게 하는 사람은 없었다"*는 말을 남겼다. 여기에 나오는 수레꾼이 왕오기이기도 하다.

말 부리는 것으로는 당시 최고라 인정받던 왕오기가 조양자趙襄子에게 말 부리는 재주를 가르쳤다 했다. 조양자는 조간자의 아들이다. 조간자를 주군으로 모시던 왕오기가 주군의 아들을 가르쳤으니 온 힘을 다했을 것은 분명하다.

얼마 뒤에 조양자는 이만하면 모든 것을 다 배웠다고 생각했다. 그래서 왕오기에게 시합을 하자고 했다. 그러나 막상 세 번이나 말을 바꿔 했는데도 조양자는 왕오기에게 번번이 뒤처지는 것이었다. 아무리 노력해도 왕오기를 따라잡을 수 없자, 조양자는 왕오기에게 따졌다.

"그대가 나를 가르치되 말 타는 기술을 모두 전수하지는 않은 것

---

*《맹자》〈등문공滕文公〉. "枉己者, 未有能直人者也."

56

같소."

그때에 왕오기는 조양자가 자신을 이기지 못한 이유를 차분히 설명했다.

"기술은 다 가르쳐드렸으나 그것을 사용하는 방법이 잘못되었습니다. 무릇 말을 탈 때 중요한 점은 말의 몸이 수레에서 편안한 것과 사람의 마음이 말과 조화를 이루는 것입니다. 그런 뒤라야 멀리까지 빨리 갈 수 있습니다. 지금 군께서는 저보다 뒤처지면 저를 따라잡으려 하시고 저보다 앞서면 저에게 따라잡힐까봐 걱정하십니다. 자고로 길을 따라 멀리까지 가려고 경쟁할 때에는 앞서지 않으면 뒤처지는 것입니다. 앞서든 뒤떨어지든 그 마음은 오직 제게 있으니 군께서 어떻게 말과 조화를 이룰 수 있겠습니까? 이것이 군께서 저보다 뒤처지는 까닭입니다."

왕오기가 한 말은 한마디로, 조양자가 그저 이기려는 욕심만 가지고 있었을 뿐 정작 중요한 것을 놓쳤다는 지적이었다. 기술 이외의 다른 것이란 욕심을 떠나 말과 하나가 되어 움직이는 것, 바로 그것이다. 그것은 누가 알려줄 수 있는 것이 아니요, 오직 스스로 자신의 몸을 다스리고 깨닫고 맞춰 해야 하는 것이다. 전수(傳受) 이외에 필요한 것이 바로 이것이다. 그것을 자득하게 될 때에야 비로소 또 한 사람의 솜씨 있는 수레꾼이 나올 수 있다. 자득하지 못하면 영원히 왕오기보다 한 수 아래인 견습생으로 남게 되는 것이다.

이 이야기에서 쟁선공후爭先恐後라는 고사성어가 생겼다. 앞에 가려고 하면서 뒤쳐질까 노심초사하는 '격렬한 경쟁의 모습'을 나타내는 말로, 앞자리만 다투며 싸우다가 좋지 못한 일을 당하고 마는 우리네 삶을 경계하는 말로 흔히 쓴다.

그렇다면 어떻게 해야 하는 것인가? 한비자는 마음을 비운 '허정虛靜의 상태'에 대해 자주 말했다. 음악면에서 이 허정의 상태를 생각한다면, 이것이야말로 곧 '마음으로 스스로 얻는 깨달음'이라 할 수 있다.

> 시를 배울 수 있다 말을 하지만
> 시의 법은 샘물과 같은 것이오.
> 돌에 부딪칠 때엔 목메 울다가
> 못에 차면 고요히 소리 없다네.
> 굴원이며 장자는 강개함 많아
> 위진 이후 점차로 번다해졌지.
> 심상한 격조일랑 끊어 없애도
> 묘한 이치 말로는 못 전한다네.*

---

* 김시습金時習, 〈학시學詩〉. "客言詩可學 / 詩法似寒泉. / 觸石多嗚咽 / 盈潭靜不喧 / 屈莊多慷慨 / 魏晉漸拏煩 / 勳斷尋常格 / 玄關未易言."

세종 앞에서 5세 때 시를 짓고, 소설 《금오신화金鰲新話》를 썼으며,
세조의 왕위 찬탈에 항거한 생육신生六臣 가운데 한 사람으로 유명
한 매월당梅月堂 김시습이 남긴 〈학시〉 두 수 가운데 두 번째 수다. 한
객이 와서 이야기하는 중에 어쩌다 '시는 배우면 된다'라는 말을 했
나보다. 시인은 이에 대해 시로 말한다.

시란 물과 같은 것이다. 샘물이 땅에서 솟은 후 흐르고 흘러 바
다로 들어갈 때까지를 생각해보라. 이 물은 가다가 깨끗한 모래나
자잘한 자갈만 있는 쭉 뻗은 좋은 수로를 지날 수도 있으나, 커다란
바위에 앞길이 막혀 에돌아가야 할 때도 있을 것이요, 갑자기 꺾여
90도 가까이 물길을 바꾸는 급류를 탈 때도 있겠고, 매우 깊고 넓
은 구덩이를 채우는 물의 일부가 되어 한곳에 조용히 멈추어 서야
할 때도 있을 것이다. 가다가 어떤 돌발상황을 만날지 그 누구도 알
수가 없다. 때문에 아무리 훌륭한 사람이라도, 또 아무리 자상한
스승이라도 막 땅에서 솟은 샘물에게 바다에 갈 때까지 만날 모든
상황을 다 알려주고 대책을 세워줄 수 없다.

시란 그런 물과 같다. 사람의 감정은 매 순간 바뀐다. 그 변화에
따라 시도 변해야 한다. 그러니 모든 상황과 변화에 대처하는 시 짓
는 법이 어찌 있을 수 있으랴. 오직 묘한 이치를 깨달은 사람만이
때마다 사람을 울릴 시를 지을 수 있다. 시는 배울 수 있는가? 결코
아니다.

어찌 시뿐이랴. 어떤 분야에서든 깨달음이 없다면 한계에 부딪힐 수밖에 없다. 허정의 상태에서 스스로 깨달음을 얻어야 한다. 깨닫는 순간 모든 것은 달라진다. 창강滄江 김택영金澤榮은 〈수윤당기漱潤堂記〉에서 "천하의 이른바 도술과 문장이라는 것은 부지런함으로 말미암아 정밀해지고, 깨달음으로 말미암아 이루어지지 않는 것이 없다"*라고 전제하며 어떤 일에 대해서 깨닫지 못했을 때와 깨달았을 때에 상황이 얼마나 달라지는가를 여러 예를 들어 설명했다. 그는 말했다.

"진실로 깨닫기만 한다면 전에는 하나를 듣고 하나도 알지 못하던 사람이 열 가지, 100가지를 알 수 있게 되고, 예전에 멀리 천만 리 밖에 있던 것을 주변에서 만날 수 있게 되며, 옛날에는 알쏭달쏭해서 어렵던 것이 부드럽고 쉬워진다. 전에는 천만 권의 책에서 구하던 것이 한두 권이면 충분하게 되고 예전에는 법이니 규정이니 하던 사람이 이른바 법이나 판결 같은 것을 말하지 않게 된다. 기왓조각들을 금이나 옥처럼 만들기도 하고 한 되나 한 말을 한 부釜**나 한 종鍾***이 되게 하기도 해서, 들어가는 것도 끝이 없고 나오는 것

---

* 김택영, 〈수윤당기〉. "天下之所謂道術文章者, 莫不由勤而精, 由悟而成."
** 용량의 단위. 6말 4되에 해당한다.
*** 용량의 단위. 40말 4되에 해당한다.

도 다하지 않으니 정말 상쾌하지 않은가?"

하나를 들어도 그 하나조차 제대로 이해하지 못하던 사람이 어느 날 하나가 아닌 열 개, 100개를 이해할 수 있게 되고, 전에는 아무리 궁리해도 아리송하던 것이 어느 순간 환히 다 드러난다. 그날은 어떤 날인가? '깨달은 날'이다. 결국 깨달음이 모든 것을 전혀 다른 곳으로 인도하게 된다는 것이다.

그러나 문제는 도를 깨닫는 방법은 눈에 보이는 특별한 모양이 없어서 손으로 줄 수도 정확히 정할 수도 없다는 것이다. '어떤 단계를 거치면 깨달을 수 있다'는 메뉴얼이 있다면 오죽이나 좋겠는가마는 깨달음의 방법은 가지각색이다. 우리의 고민은 여기에 있다.

김택영은 이어서 성련成連이 거문고의 도를 깨달은 예를 들었다. 성련은 어떻게 해서 도를 깨닫게 되었던가? 뛰어난 연주자가 되어 멋진 소리를 내고 싶었던 성련은 피나는 노력을 했다. 그러나 아무리 노력해도 일정 단계 이상 가지 못했다. 그 한계를 절감할수록 그는 온갖 노력을 다 기울여 깨달음을 이루기 위해 노력했다. 그러다가 어느 날 바다 앞에 서서 대자연의 숨결을 온몸으로 체험하고는 그 자리에서 거문고 연주하는 법을 깨달았다.

사람들은 흔히 성공한 어떤 사람의 사례를 보고 들으면 그가 한 방법대로만 따라 하려고 한다. 성련 같은 유명한 거문고 연주자가 되고 싶다고 그와 똑같이 바다에만 서 있으면 되는 것인가? 여기에서 우리는 성련이 처음부터 바다 앞에만 서 있었던 것이 아님을 기억해야 한다. 아무것도 하지 않은 사람에게 어느 날 갑자기 로또 복권에 당첨되듯 그렇게 깨달음이 오지는 않는다. 성련은 시골·도시·산·강 할 것 없이 수많은 곳을 돌아다니며 많은 이들을 만났고 수만 번 연주를 해보며 노력했을 것이다. 그런 여러 번의 시도와 경험과 좌절 등을 거쳐서야 바다 앞에서 대자연의 흐름과 원리를 느낄 수 있었다. 그제야 그 원리를 거문고에 끌어올 수 있었던 것이다. 일단 원리를 깨우치고 나니 그때에는 번거로이 이곳저곳 다니지 않아도 하나로 꿰어지는 뭔가가 있었다. 그것이 깨달음의 묘미다. 누군가를 따라 하거나 흉내 내거나, 얕은 기술만을 배우려고 기웃거리는 사람은 넘볼 수 없는 그 무엇이 거기에 있다.

깨달음으로 가는 수련

깨달음을 이룰 때까지는 꼭 겪어야 할 과정이 있다. 그것은 바로 부지런한 수련이다. 김택영은 이렇게 말했다.

성련이 진실로 이렇게 하였다 해도 가령 다시 어떤 사람이 성련의 일을 흠모하여 거문고를 품에 안고 바다 파도가 용솟음치는 곳에 선다면 어떠하겠는가. 이른바 성련의 깨달음은 몇 년에 걸쳐 깊이 생각한 힘으로 이룬 것이지 하루아침 사이에 아무 이유 없이 이룬 것이 아니다. 그러니 깨달으라고 남을 권하는 것보다는 생각하라고 남에게 권하는 것이 낫다. 연못에 가서 물고기를 부러워하는 것은 물러나 그물을 만드는 것만 못하고 도술 문장을 흠모하는 것은 우러러 한 번 생각해보는 것만 못하다.

무엇이든 깨달음이 있어야 한다. 그 깨달음을 위해 부지런히 수련해야 한다. 연봉 몇천만 달러가 되는 축구선수나 프로골퍼가 부러운가? 원어민같이 유창하게 영어를 잘하는 친구가 부러운가? 무슨 기계든 한 번만 보면 곧 어디가 문제인지 알아차리는 선임자가 부러운가? 부러워할 시간에 부지런히 수련하며 땀을 흘려라. 깨달음이 있을 때까지 계속하라. 그때 비로소 모든 것이 열리리라. 이것이 김택영이 한 말이다.

백아가 자기의 음악을 이해해준 유일한 친구 종자기가 죽음을 맞게 되자 자신의 거문고 줄을 끊고 다시는 연주를 하지 않았다는 백아절현伯牙絶絃의 고사는 널리 알려져 있다. 그러나 백아가 어떻게 해서 그렇게 뛰어난 거문고 연주자가 되었는가를 아는 사람은 많지 않다. 《태평어람太平御覽》 〈악부樂部〉에서 관련 기록을 찾아볼 수 있다.

거문고의 명인이었던 백아는 성련 선생에게서 거문고를 배웠다.

우리는 오늘날 백아를 대단한 거문고 연주자로 기억하고 있지만 그가 처음부터 그랬던 것은 아니다. 백아가 성련에게 배운 지 3년이 되어도 좀처럼 깨달음을 얻지 못했다. 정신을 고요하게 하고 감정을 집중해도 마찬가지였다. 자신의 가르침대로 늘 성실하게 연습하는데도 이룸이 없는 제자를 보는 스승 성련은 답답하기만 했다. 3년 동안 온 정성을 다해 가르쳤지만 늘 그대로인 것이 견딜 수 없었다. 결국 성련은 특단의 조치를 취했다.

어느 날 성련은 자기의 스승 방자춘房子春이 지금 동해에 계시다며 그분을 뵈러 가자고 했다. 그러고는 둘이 함께 길을 나섰다. 봉래산에 이르러 한곳에 백아를 묵게 하고 "너는 여기서 연습하고 있어라. 나는 스승님을 맞아야겠다" 하더니 배를 저어 가서는 열흘이 넘도록 돌아오지 않았다.

백아는 금방 돌아온다던 스승을 기다렸다. 하루, 이틀이 지나도 스승은 돌아올 줄 몰랐다. 기다리기 지루해 가까운 곳을 둘러보았다. 인적 없이 조용한 가운데, 바닷물이 부딪치며 흘러가고 무너지듯 꺾이는 듯하는 소리만 들렸다. 쥐 죽은 듯 고요하던 숲 속에서 때로 새 떼들이 슬피 울부짖기도 했다. 스승이 돌아오기만을 눈이 빠지게 기다리던 제자는 자연의 한가운데에서 문득 대자연에 흐르는 정을 느꼈다. 그때 깨달음을 이루었던 것이다. 백아는 처연한 심정으로 탄식하며 "선생님께서 나의 정情을 변화시키려 이곳에 세우

셨구나" 하고는 그 깨달음을 담아 거문고를 연주했다.

성련은 그 열흘 내내 몸을 숨기고 제자를 바라보고 있었다. 그러다 그 곡조를 듣고는 곧바로 뛰어나왔다. 그는 와락 제자를 끌어안으며 이렇게 외쳤을지도 모른다.

"이제 되었다! 이제야 되었어!"

초조하게 제자를 바라보고 있었을 성련을 생각해보라. 왜 안타까이 열흘 동안 그를 바라볼 수밖에 없었는가? 아무리 스승이라지만 가르쳐줄 수 없는 것, 스스로 깨우칠 수밖에 없는 그것을 얻어야만 한 사람의 참음악인이 되는 까닭이다.

스스로 자연의 한가운데에 서서 온몸과 온 마음으로 그것과 하나가 되었을 때에야 백아는 무엇인가를 느낄 수 있었다. 그리고 그 느낌은 사람의 정과 혼을 울리는 음악으로 승화될 수 있었다. 백아 절현의 고사에서처럼, 그가 높은 산이나 넓은 바다를 생각하며 그것을 곡조로 옮길 수 있는 음악가가 된 것은 이때의 깨달음을 통해서였던 것이다.

중국 당나라와 송나라 때의 사람들을 대표하는 뛰어난 문장가 여덟 사람을 당송팔대가唐宋八大家라고 한다. 한유韓愈·유종원柳宗元·구양수歐陽修·소순蘇洵·소식蘇軾·소철蘇轍·증공曾鞏·왕안석王安石이 바로 이들인데 그 가운데 동파거사東坡居士 소식은 거문고를 두고 이런 시를 남겼다. 〈금시琴詩〉라는 시다.

거문고 그 자체에 소리 있다면

상자 안에선 어이 울리지 않나.

손가락 끝에 만약 소리 있다면

그대 손가락선 왜 들리지 않나.*

거문고로 오묘한 소리를 내는 당신에게 묻소이다. 당신의 그 소리는 거문고에서 나는 것이오? 아니면 당신의 손가락에서 나는 것이오? 당신 손가락을 아무리 들여다봐도 거기선 소리가 나지 않고 또 거문고를 상자에 그냥 넣어두었을 때에는 소리가 나지 않는 것을 보니 거문고에 소리가 있는 것도 아니구려.

거문고와 손가락의 사이! 그곳에 소리가 있다. 그 사이에 있는 것이 깨달음이다. 깨달음으로 거문고와 손가락을 연결시켜야 한다. 그것이 일가를 이루는 기본이자 전부다.

---

* 소식, 〈금시〉. "若言琴上有琴聲 / 放在匣中何不鳴. / 若言聲在指頭上 / 何不於君指上聽."

熱情

제2부

미천한 꿈을 명인으로 만든 힘

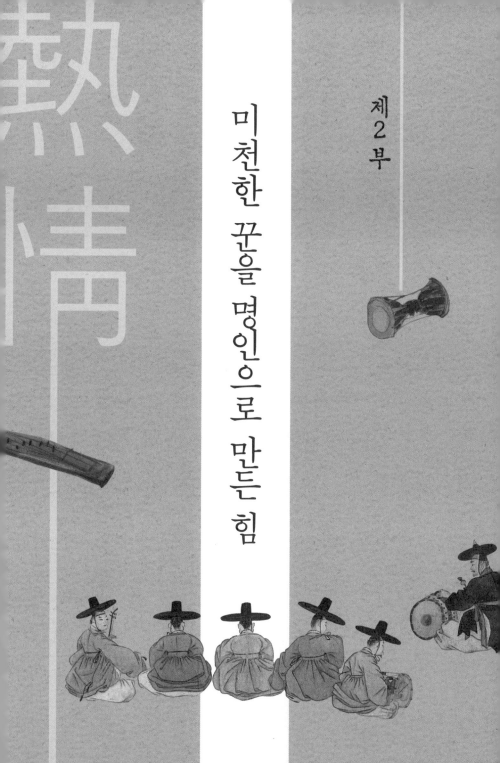

1. 원칙

: 꼭 하는 것과 절대 하지 않는 것

사람은 누구나 전문가가 되려 하고, 그 분야에서 최고가 되려 한다. 그런데 막상 최고라고 칭송받는 이들을 보면 자기와 별로 다르지 않은 것 같다고 생각하는 사람들도 있다. 별 차이도 없는데 그들이 운이 좋아서 그렇게 된 것 같다고 느끼기도 한다. 하지만 자세히 보면 어떤 차이들이 있다. 원칙·인품·안목·애정 등이 바로 그것들이다. 각 분야 최고에게서 보이는 것이 어떤 작은 것이라도 사실은 그것이 큰 차이를 만들어낸다. 차근차근 살펴보자.

내가 하는 일이 나를 말해준다

영화 배트맨 시리즈 2편인 〈다크 나이트The Dark Knight〉에서 주인공 브루스가 신분 위장을 위해 돈 많은 바람둥이 행세를 하자 전 여자 친구인 레이첼은 그를 한심하게 본다. 자기 신분을 밝힐 수 없지만 사랑하는 여자에게 오해받기는 싫었던 브루스가 항변하듯 "보이는 것이 전부는 아니다"라고 하니 레이첼은 일갈을 날린다.

"그가 하는 행동이 그가 누구인지를 말해준다."

나중에 배트맨의 도움으로 생명의 위협으로부터 벗어난 후 누구 인지를 묻는 레이첼에게 배트맨은 같은 말로 답해준다.

"내가 하는 행동으로 내가 누구인지 알라."

《맹자孟子》〈이루離婁〉에 "사람이 하지 않는 것이 있은 후에야 하는 것이 있다"*라는 구절이 있다. "하지 않는 것"이란 어떤 행동을 할 것인가, 어떤 판단을 할 것인가를 결정하는 기준을 가지고 그것에 맞지 않으면 무엇이든 절대 하지 않는 것을 말한다. 개인적으로 그런 지조와 원칙이 있다는 말이다. "하지 않는 것이 있은 후에 하는 것"이란 그런 원칙과 지조를 지닌 사람만이 할 수 있는 '훌륭한 일'을 말한다. 음식 맛을 유지하기 위해 일정 수준 이상의 신선한

---

*《맹자》〈이루〉. "人有不爲也而後可以有爲."

재료를 구할 수 없었던 날에는 식당문을 닫는 음식점 주인이 있다고 하자. 그에게 하지 않는 것이란 이익을 얻기 위해 질이 떨어지는 아무 재료나 쓰지 않는 것이요, 하는 것이란 그런 재료를 통해 만들어지는 훌륭한 음식맛이다.

"하는 행동을 보고 그가 누구인지를 알 수 있다"나 "하지 않는 것이 있어야 큰일을 할 수 있다"나 표현만 다를 뿐 사실 같은 말이다. 한 사람이 무엇에 신경을 쓰고, 어떤 삶을 추구하는가는, 그가 하는 행동에 명확히 드러난다. 나는 누구인가? 내가 꼭 하는 일은 무엇이며, 내가 절대 하지 않는 일은 무엇인가? 그것이 바로 나다.

반드시 하는 일, 절대 하지 않는 일이 나를 표현하는 것이라면 내가 가진 기준은 무엇인가? 나는 어떤 기준으로 어떤 일을 하며 어떤 일을 하지 않을 것인가? 사실 이런 기준이 있으면 그것 때문에 답답하기보다 오히려 더 자유롭다. 삶의 굽이굽이에서 결정해야 할 상황이 올 때 오히려 쉽게 결정을 할 수 있다. 그 기준에 맞는가 아닌가만 우선 생각하면 되기 때문이다. 막상 상황이 닥치고 나서 기준을 정하려고 하면 이미 늦는다. 내가 누구이며, 나는 어떤 기준을 가지고 살 것인가를 먼저 결정해야 한다.

긍지와 자부심, 그리고 실력

《장악등록掌樂謄錄》 인조 15년 5월 23일 기사를 보면 전악 황상근黃
尙謹이 상소한 내용이 나온다. 전악은 궁중에서 음악 관련 일을 담
당하는 정6품 관원이다. 황상근이 이날 상소한 내용은 한마디로 공
을 세웠으니 상을 내려달라는 것이었다. 어떤 공을 세웠길래 상을
달라고 했을까? 상소는 병자호란 당시 악기를 보존하기 위해 자신
이 어떻게 했는가를 쭉 나열하는 것으로 이어진다.

> 궁전 뜰 월랑月廊에 둔 악기 가운데 유종 서른두 개는 사옹원 우물 속
> 에 넣어두었고, 석경은 사복시 구덩이에 넣어두었으며, 동도리와 유소
> 등속은 뒤주 안에 넣어두었고, 악기의 틀 같은 목기는 크기가 커서 월
> 랑에 두었습니다.

익히 알다시피 병자호란 당시 조선은 철저히 유린되어, 임금이
궁을 비우고 남한산성으로 피난했다가 결국 항복하고 돌아왔다. 남
들은 모두 목숨을 부지하는 일에 전전긍긍하던 때에 황상근은 궁
궐에 있던 여러 악기를 보호하는 일에 골몰했고 그 결과는 나중에
이렇게 나타났다. 황상근은 임금의 행렬이 궁으로 돌아온 후에 책
임 관원들이 보는 앞에서 악기들을 하나하나 거두어들였다. 단 하

나의 악기도 잃은 것이 없었고, 악기 보관통 등까지도 모두 온전히 보전할 수 있었다. 이 모든 일을 쓴 후에 황상근은 상을 내려달라고 상소했다. 이 상소를 받은 예조에서는 악기의 보존 상태를 점검해 실상을 파악한 뒤 상을 주자고 했고, 임금도 동의했다.

임진왜란과 병자호란 때에 손실된 것들이 참 많다. 수많은 책도 없어졌고, 여러 건물도 사라졌으며, 악곡이나 악기 역시 불살라졌다. 그래서 특히 음악 관련 기사에서 악곡이 전해지지 않거나 그 악기가 어떻게 생겼는지 모르거나 어떻게 연주하는지 모른다는 내용도 자주 보인다. 그런데 황상근은 난리 중에 자신의 목숨보다 악기를 더 소중하게 여겨 간직했다. 그는 아마도 스스로 자신이 누구인가를 생각했을 것이다.

"나는 음악 하는 사람이다. 악기가 중요하다. 나는 전악이다. 악기 보존은 내 일이다."

결국 그는 전쟁 통에도 여러 악기들을 잘 보관했다. 그의 공으로 이후 시기까지 악기들이 이어질 수 있었다.

그는 맡은 일을 충실히 해냈다. 어떤 상황이든 그건 상관없었다. 상황과 상관없이 꼭 하는 일이 있는 것이다. 자신의 일을 사랑하며 무슨 일이 있어도 맡은 일을 충실히 해내는 사람, 우리는 그들을 프로 혹은 전문가라고 부르기를 주저하지 않는다. 그런 프로 의식이 있었기에 당당히 상을 요구할 수도 있는 것이다.

학창 시절 교과서에 올라 널리 알려진 윤오영의 수필 〈방망이 깎던 노인〉도 함께 생각해볼 만하다. 동대문 전철역 근처에서 방망이를 깎던 노인에게 윤오영이 방망이를 하나 깎아달라고 주문했더니, 노인은 시간은 보지도 않고 방망이 깎는 일에 열중했다. 차 시간을 놓치게 생겼다고 해도 아랑곳없이 연신 방망이만 돌려가며 깎았다. 계속 재촉하며 더 깎지 않아도 좋으니 그만 달라고 했더니, 그는 화를 버럭 냈다.

"끓을 만큼 끓어야 밥이 되지, 생쌀이 재촉한다고 밥이 되나?"

윤오영이 "살 사람이 좋다는데 무얼 더 깎는다는 말이오" 했지만 노인은 얼른 물건을 내주기는커녕 다른 데 가서 사라고, 자신은 안 팔겠다고 했다.

"재촉을 하면 점점 거칠고 늦어진다니까. 물건이란 제대로 만들어야지, 깎다가 놓치면 되나."

이미 차도 놓쳐 다음 차로 갈 수밖에 없던 윤오영은 불쾌해 투덜거리면서 집에 돌아갔다. 아내에게 방망이를 건네니 아내는 너무나 손에 꼭 맞는 방망이라며 좋아했다. 요즘 만나기 힘든 좋은 물건이라는 것이다. 그제야 그 노인이 달리 생각되더라는 것이 수필의 주요 내용이다.

돈이 목적이면 손님이 재촉할 때 얼른 대충 방망이 깎기를 마치고 팔면 그만이다. 손님과 싸울 필요조차 없고 곧 다른 작업을 할 시간까지 벌 수 있다. 하지만 충분히 이리저리 돌려가며 마지막 순간까지 깎고 나서야 노인은 방망이를 내주었다. 노인이 추구한 것은 자신이 추구하는 일정 수준의 완성도를 지닌 방망이다. 겉으로는 알아주는 사람이 없어 바보 같은 짓처럼 보일지 모르지만, 그렇지 않은 물건이나 사람을 만났을 때 진가는 드러난다. 윤오영은 "사실 아까부터 방망이는 다 되어 있었다"며 성을 내면서 방망이를 받아들고 다음 전차를 탔다고 했지만, 방망이를 받아든 그의 아내는 금방 알아차렸다고 했다. 노인에게 '하지 않는 일'이란 자신이 완성되었다고 생각하기 전에는 물건을 내주지 않는 일이다. 그렇게 해서 '하는 일'이 '정말 좋은 방망이'를 내놓는 일이다. 그 노인은 장사치가 아니라 장인匠人이다.

이 수필의 앞부분에는 다른 실랑이가 더 있었다. 윤오영이 생각하기에, 노인이 처음 부른 가격이 너무 비쌌던 것이다. 방망이 하나 깎는데 뭐가 그리 비싸냐고 하자, 노인은 "비싸거든 다른 데 가 사우"라며 세게 나온다. 이후 깎은 방망이의 질과 함께 생각해보자면, 노인은 그 방망이를 정성을 다해 완성품으로 만들 것을 약속으로 내세우며 그때까지 필요한 자신의 공력을 당당하게 계산으로 요구한 것이다. 자신의 일을 잘하고 이에 맞게 상을 요구한 황상근의 당당함과도 연결되는 모습이다. 누가 그렇게 할 수 있는가? 자신의 일을 완벽하게 할 수 있는 전문가만이 당당할 수 있다.

거짓 자백의 유혹을 뿌리친 박태보

사람은 많은 일을 하기도 하고, 또 어떤 일을 하지 않기도 하고, 어떤 일을 하다가 그만두기도 한다. 각자 생각하는 중요도에 따라 그 모든 것을 결정한다. 하지만 그 가운데 어느 것 하나가 빠지면 전체적으로 이전에 했던 모든 일, 이전에 살았던 모든 삶이 무위로 돌아가기도 한다. 숙종의 인현왕후仁顯王后 폐비 명령에 반대하는 격렬한 상소를 올렸다가 숙종의 친국을 받아 죽은 박태보朴泰輔의 경우가 그러한 예다.

상소를 올린 당일, 숙종은 즉시 친국을 준비시켰다. 밤 9시부터 다음 날 아침 7시까지 말 그대로 밤을 꼬박 새워 친국을 했다.

숙종이 인현왕후를 내치는 이유로 내세웠던 것은 그녀가 장희빈張禧嬪을 투기하고, 장희빈이 낳은 아들 경종景宗을 해하려는 마음을 가진다는 것이었다. 인현왕후가 자신의 말의 신빙성을 높이기 위해 돌아가신 부모님, 즉 현종顯宗과 현종비까지 들먹이며 그분들이 꿈에 나타나 "장희빈을 가까이하면 나라가 위태롭다"고 말하기까지 했다면서 숙종은 흥분했다. 이에 대해 박태보는 꿈 이야기를 전한 것은 무슨 행동을 한 것이 아니므로 죄가 될 수 없고, 원자의 탄생을 위해 직접 장희빈을 왕께 권한 사람이 인현왕후인데 어찌 투기를 하며 원자를 해하려 하겠느냐고 맞섰다. 숙종은 그에게 잘못했다고 한마디만 하면 살려주겠다고 하지만 박태보는 끝내 죄를 인정하지 않고 이렇게 최종변론을 했다.

"엄한 형벌을 못 견디어 거짓으로 자백을 하고 저승에 돌아간다면 저승 사람이 틀림없이 신을 보고 비웃으며 '저 사람은 형벌을 못견뎌 거짓 자백을 했다'고 할 것입니다. 그러면 신은 그때 부끄럽지 않겠습니까. 서럽기는, 신의 아비 나이도 예순이 넘고 어미의 나이 일흔이라 매우 쇠하여 날마다 위태로운데, 자식이 되어 장차 부모의 얼굴을 영결하지 못하고 이 지경에 이른 것입니다. 사사로운 정을 생각하면 부모의 은혜가 하늘처럼 끝이 없사오나 신은 몸을 이미 나라에 바쳤으니, 상소로 임금의 허물을 간하는 것은 신하의 마땅한 분수와 의리입니다. 오늘은 나라를 위해 집을 잊고, 충성을 위해 몸을 잊었으니 작은 정을 돌아보겠습니까. 신의 몸은 비록 죽지만 살아서 각신閣臣이 되었고 죽어서도 충성스러운 혼령이 되오니 신의 마음은 조금도 뉘우침이 없습니다."

잘못했다 말하면 이전의 상소는 무의미한 것이 되고, 밤새 참은 고문은 천하에 쓸데없는 짓이 되며, 친국 가운데 충성의 의로 말한 모든 것은 수포로 돌아가게 된다. 그때 박태보가 절대 할 수 없는 것은 '형벌을 못 견뎌 거짓 자백을 하는 것'이다. 박태보는 끝까지 거짓 자백을 하지 않았고, 결국 심한 형벌 탓에 목숨을 잃게 되었다. 하지만 절대 하지 않음으로써 사육신, 삼학사를 잇는 '조선 최고의 충신'이 되었다.

음악인의 한 사람으로서, 혹은 연주가의 한 사람으로서 나를 나답게 하는 것이 무엇인지 깊이 고민해보아야 한다. 꼭 음악인에 국한할 것도 아니다. 교육자로서, 부모로서, 신앙인으로서, 나를 나답게 하는 것은 무엇인가? 마지막까지 부여잡고 있어야 할 것은 무엇인가? 내가 기준으로 삼아야 할 알맹이, 그 핵심은 어떤 것인가? 누군가 다른 것으로 유혹할 때, 그 유혹에 이기지 못하고 '나를 나로 만드는 것'을 버리면 머잖아 껍데기만 부여잡고 사는 바보가 되어버릴 수 있다. 그렇기에 나를 나답게 만드는 것이 무엇인지 당장 고민하기를 시작해야 한다.

약점을 감추는 가장 효과적인 방법

개인마다 꼭 하는 것과 절대 하지 않는 것을 결정하는 기준은 다를 수밖에 없다. 하지만 아직 기준을 명확히 하지 못한 이들이나 자기 기준을 반성해보기를 원하는 이들은 옛이야기를 읽으며 어떤 기준을 정할 것인지 생각해보는 것도 괜찮을 듯하다.

먼저, 판단 기준으로 이런 것을 가져봄 직하다. 반드시 곁가지보다 원류를 먼저 선택하겠다는 기준 말이다. 진정한 전문가는 먼저 힘써야 할 것과 부수적인 것들을 구별할 줄 아는 사람이다. 진정한 실력자가 되면 다른 약점은 자연스레 가려지기도 한다. 사람들은 약점을 넘어 그의 실력에 박수를 치게 된다. 조선시대 말기, 고종高宗 때 인물인 안민영安玟英이 쓴 《금옥총부金玉叢部》에 금향선錦香仙이라는 가기歌妓 이야기가 나온다. 이천지방 오위장五衛將 이기풍李基豊이 몇몇 친구와 함께 산에서 유흥을 즐기게 되었다. 당시 명창인 김식金植을 부르면서, 노래하는 기녀도 데려오라고 했다. 마침내 약속된 시간이 되어 김식이 보낸 여인이 왔다. 예쁜 기녀를 기대하던 사람들이 그녀 얼굴을 보는 순간 다들 박장대소하며 비웃었다. 그녀는 너무 못생긴 여인이라 상대하고 싶지 않을 지경이었지만, 당시 명창이 데려온 사람이라 그럴 수도 없었다. 할 수 없이 얼른 한두 곡조 부르게 하고 보내리라 생각하며 노래 하나 해보라고 했다. 그녀가 시조창 하나를 부르기 시작했다.

"창오산 무너지고 상수 끊어져야 이 내 시름이 없을 것을……"

그녀를 비웃던 사람들의 얼굴이 굳어지기 시작했다. 애절하고도 처절한 소리가 이어지자 지나는 구름도 멈출 지경이었다. 시조창을 마쳤을 때는 그곳에 있던 사람 가운데 한 명도 울지 않는 사람이 없을 정도였다. 그녀가 바로 금향선이다.

금향선이 불렀다는 그 시조는 중국의 순舜임금과 그의 두 아내 아황娥皇·여영女英에 관한 내용을 담은 것이다. 중국 상고시대 순임금이 남쪽지방을 순행하던 가운데 죽었다. 소식을 들은 아황과 여영은 남편의 시신이라도 찾겠다며 멀리까지 갔지만 끝내 찾지 못하자 슬퍼하면서 둘이 나란히 상수에 몸을 던져 남편을 따라 죽었다. 순임금의 어질고 부지런한 정사에, 아황과 여영의 간절하고 애절한 사랑 이야기가 덧붙으면서 이들의 이야기는 여러 방식으로 재창작되었다. 소설도 만들어지고, 각종 한시로도 만들어졌다. 그녀가 부른 것이 바로 이들의 사연을 담은 시조였다. 이전에 이 시조창을 부른 이들이 많았겠으나 그녀가 특히 그들의 사연과 슬픔을 잘 표현했기에, 이전에 비웃음으로 금향선을 맞던 이들을 모두 바꾸어버렸던 것이다.

재미있는 것은 그 다음의 기사다.

좌석의 모든 사람들이 눈을 씻고 다시 보니 조금 전의 추악한 모습은 온데간데없고 이제는 갑자기 아름다워 보였다. 비록 옛 미인인 오나라 여인이나 월나라 여인이라 하더라도 이보다 낫지 못할 것 같았다. 자리에 있던 젊은이들이 모두 눈을 들어 정을 보내었다. 나도 감정을 억제하기 어려워 남보다 뒤질세라 눈길을 보냈다. 대저 외모로 사람을 취하지 말아야 한다는 것을 이때에 새삼스레 깨달았다.

외모도 경쟁력이라는 말이 현실이지만, 사실 뭐니 뭐니 해도 실력이 있어야 하고 그 바탕 위에 다른 것이 더해지는 것이다.

안민영의 《금옥총부》 124번에는 이런 이야기도 있다. 안민영이 전주를 지나는 길에 그곳의 기녀 설중선雪中仙이 '남방 제일'이라는 말을 듣고 그를 만났다. 과연 소문처럼 매우 미인이었다. 18세 기녀인 설중선은 새하얀 피부에 꽃 같은 얼굴을 한 그야말로 사랑할 만한 여인이었다. 하지만 실제 안민영이 하고 싶은 말은 그 다음에 있다. 그 표현은 이렇다.

> 그러나 가무에 능숙하지 못하고 잡기에만 능하며, 성격도 표독하여 자기 생김새만 믿고 남에 대한 예의가 없었다. 그래서 그녀를 따르는 자라고는 창부唱夫밖에 없었다.

금향선은 못생겼으되 뭇 사람들의 추파를 받고, 설중선은 미인이되 모든 이들의 버림을 받았다. 그 이유는 실력이다. 노래하는 이가 노래를 못하면 다른 것은 논할 것도 못된다. 그러니 우선 본바탕인 노래만은 일정 수준 이상의 실력을 갖추어야 한다. 실력이 그만그만할 때에는 이것저것 따진다. 월등히 실력이 뛰어나면 몸매가 뚱뚱해도, 얼굴이 못생겨도 그것까지 받아들여진다. 그러니 진정 힘써야 할 것은 실력 배양이다. 주객을 전도시키고, 선후를 바꾸어 잣단 것에 힘쓸 때 이미 그는 전문가가 아니다.

구름이 꼬인다 갈 리 있소

판단 기준으로 삼을 만한 것을 엿볼 수 있는 이야기를 하나 더 하련다. 성대중이 쓴 〈개수전丐帥傳〉이라는 글이 있다. '개수'는 거지의 우두머리를 말한다. 우리말로는 꼭지딴이라고 한다. 영조 시절 용호영龍虎營의 풍악을 맡은 우두머리는 이씨 성을 가진 패두였다. 패두는 특별히 호탕한 인물을 세운다고 알려져 있다. 〈개수전〉은 거지의 우두머리인 꼭지딴이 용호영 풍악의 우두머리인 패두에게 사람을 보내는 것으로 시작하는데 이야기가 자못 재미있다.

영조 경진년인 1760년에 큰 풍년이 들자 임금의 영으로 온 나라에서 널리 잔치를 베풀고 즐기게 되었다. 용호영의 풍악은 오영五營 가운데 으뜸으로 평가되었으므로 패두와 그들 무리는 날마다 불려다녔다. 하루는 너무 힘들어 병을 핑계로 집에 있을 때 한 거지가 찾아와 꼭지딴의 말을 전했다.

"꼭지딴 ○○○가 패두 님에게 간청합니다. 지금은 임금의 명으로 온 백성이 함께 즐기는 좋은 시절입니다. 소인들이 비록 거지라고 하나 나라의 백성이기도 하니 여기에 빠질 수 없지요. ○○일에 저희가 연융대에 모여 잔치를 하려고 하니, 패두께서는 수고로우시겠으나 풍악으로 흥취를 돋우어주시기를 청합니다. 소인이 그 덕을 잊지 않겠습니다."

이 패두는 화가 머리끝까지 났다.

"서평군西平君이나 낙창군洛昌君이 불러도 내가 가지 않는 판인데 어찌 거지를 위해 풍악을 울리랴."

하인을 불러 내쫓게 하자, 거지가 실실 웃으며 나갔다. 이 패두는 거지까지 나를 부리려 하느냐고, 음악이 이렇게까지 천시되었느냐고 거듭 탄식했다. 조금 뒤 대문을 거세게 두드리는 소리가 났다. 다 해진 옷을 입고 있지만 기골은 장대한 사내가 들어섰다. 그 꼭지딴이었다.

"패두 이마는 구리 이마며, 패두 집은 물로 된 집이오? 우리 무리가 수백 명인데다 성 각지에 흩어져 있어서 순라꾼들도 어찌하지 못하오. 몽둥이 하나에 횃불 하나면 되는데 패두가 무사할 법하오? 어찌 우리를 이렇게 무시한단 말이오."

온갖 풍상을 많이 겪은 이 패두는 곧 상황을 파악하고는 껄껄 웃으며 꼭지딴에게 사과하고는 청대로 해주겠다고 했다.

"내일 아침을 먹은 후에 기생 ○○○와 악공 ○○○를 거느리고 총융청 앞 계단 쪽으로 와서 크게 풍악을 차려주시오. 약속을 어기지 마시오."

이튿날 이 패두는 함께 다니던 악공과 기생까지 모두 모아 총융청 앞뜰에 갔다. 어디에 가서 누구 앞에서 풍악을 하는지 전혀 모르고 따라왔던 악공과 기생들이 거지 떼를 보고 기막혀 했다. 그러나 패두의 말을 따르지 않을 수 없어 풍악을 울렸다. 풍악이 울리자 마치 구멍에서 개미 떼가 나오듯 사방에서 거적을 둘러쓰고 새끼줄로 허리를 동여맨 거지 떼가 계속해서 모여들었다.

"얼씨구 좋다, 지화자 좋다! 우리 인생에도 이런 날이 있구나."

거지들은 좋아서 어쩔 줄 몰라 하며 춤을 추면서 풍악을 즐겼다. 꼭지딴도 한가운데에 앉아 즐겼다. 시간이 흘러 해가 기울어가자 거지들은 저마다 여기저기에서 얻어온 고기나 떡 등을 꺼내었다. 깨진 기왓조각에 놓거나 나뭇잎 같은 것에 싸서 패두와 악공, 기생들에게 먼저 권했다. 풍악은 울려주지만 거지들이 내민 음식은 먹지 않겠다며 다들 거절했다. 거지들은 헤헤 웃으며 자기들끼리 마음껏 먹었다. 잔칫집에서 얻어온 과자 같은 것들을 기생들에게 내밀며 "집의 아기씨들 주세요" 했지만 다들 싫다며 고개를 저었다. 결국 거지들이 또 그 과자까지 다 먹고 나머지 시간 동안 풍악을 잘 즐기다가 돌아갔다. 꼭지딴이 나와 사례를 했다.

"저희는 이제 또 저녁밥을 빌러 나갑니다. 오늘 여러분의 수고에 감사드립니다. 다른 날 길에서 만납시다."

거지 떼가 가버리자 종일 연주하느라 지치고, 아무것도 먹지 못해 배고픈 기생들이 패두에게 원망을 퍼부었다. 하지만 이 패두는 꼭지딴이 간 곳을 계속 바라보며 한마디했다.

"내가 오늘에서야 처음으로 진짜 사나이 하나를 보았다."

이 패두는 왜 그 꼭지딴을 두고 평생 처음 만나는 진짜 사나이라고 평가했을까. 패두도 처음에는 거지가 무슨 음악이냐고 생각했고, 다음에는 많은 숫자로 난동을 부리겠다고 위협하므로 어쩔 수 없이 그들을 위해 풍악을 준비했다. 하지만 일련의 상황을 보며 다시 생각하게 되었던 것이다.

이 꼭지딴은 거지라도 음악을 들을 수 있고, 감상할 수 있으며, 즐길 수 있다고 생각했다. 남들은 다들 '거지'라는 단어에 얽매여 각종 선입견으로 그들을 보고 있으나 꼭지딴은 자신의 무리를 다른 이들과 동일한 사람으로 생각하며 그들을 위한 일을 계획했다. 거지 역시 이 나라의 백성이므로, 온 백성에게 잔치를 즐기라는 영에 맞춰 백성으로서 잔치를 즐길 수 있다고 생각했다. 현재 상황은 거지이되 자신의 내면까지 거지로서 내팽개치며 인간 이하의 삶을 살지 않겠다는 기준을 가진 것이었다. 그리고 그 기준에 따라 주변의 사람들도 대우받도록 했던 것이 바로 그 꼭지딴이다.

자신의 현재 처지에 대해 비굴해하거나 부끄러워하는 사람은 누구 앞에서도 당당할 수 없다. 이 꼭지딴은 비록 거지 역시 사람임이 분명하고, 한 나라의 백성임이 분명하다는 뚜렷한 자존심이 있었다. 상황과 처지와 상관없는 자신만의 기준을 지키고 자존감을 유지했던 것이다. 일하지 않고 빌어먹는 것이 당장은 옳은 행동이 아니더라도 자신의 자존감과 존엄함을 지킬 수 있는 사람은 언제든 다른 환경을 만들어 변화할 수 있다. 사실 지나치게 말이 많거나 친절하거나 굽실거리는 사람은 오히려 거짓말을 하거나 건방지거나 뒤통수를 칠 가능성이 높은 사람일 수 있다. 박지원의 〈허생전〉에서, 해진 옷에 찢어진 갓을 쓰고 장안 제일의 부자인 변 부자 앞에 돈을 빌리려 나섰을지언정 허생은 당당하게 돈을 빌려달라고 요구했다. 그 당당한 모습에 변 부자는 그가 위인임을 알아차리고 선뜻 돈을 빌려주었다.

꼭지딴으로서 자신의 무리를 위해 때로는 패두에게 청을 하기도 하고, 협박하기도 하며, 감사하기도 하고, 나중에 만나자고 인사를 할 줄도 아는 사람이라면 그의 내면은 당당하고 떳떳하며 흔들림 없는 맑고 강직한 사람이다. 이 패두가 본 것은 그의 겉모습이 아니라 그가 잃지 않고 있는 '내면'이었다. 그 꼭지딴이 어떤 사람인지는 그 내면이 보여주는 것이다.

김상용의 시 〈남으로 창을 내겠소〉는 외우는 사람도 많을 만큼 유명한 작품이다. "남으로 창을 내겠다"는 말로 대표되는 그의 생활에 대해 남들은 늘 더 화려한 것, 더 도회적인 것 등으로 유혹한다. 유혹에 맞서 시인은 단호하게 한마디한다.

"구름이 꼬인다 갈 리 있소."

구름으로 대표되는 명예와 지위와 재물은 많은 사람이 유혹되는 대상이다. 하지만 그것에 마음을 빼앗겨 자신이 추구하는 '남으로 창을 낸 생활'을 포기할 때, 자신은 없어지고 남만 있을 수 있다는 사실을 우리는 안다. 설마가 사람을 잡는 것처럼, '남들도 다들 그러는데' 하는 마음이 사람을 잡는다. 남들이 다들 그래도 절대 하지 말아야 하는 일이 있다. 내가 하는 행동이 나를 보여준다. 내가 하지 않는 행동도 나를 보여준다. 어찌 음악 하는 사람만 새길 말이겠는가? 나를 나답게 하는 것은 무엇인가? 그것을 꼭 붙잡을 일이다.

2. 인품

: 사람을 품는 소리

음악에는 사람의 영혼을 움직이는 힘이 있다. 영혼을 울리는 감미로
운 음악, 숨통을 틔워주는 감동적인 선율! 사람들은 그것을 원한다.
혼을 담아 만든 소리는 듣는 이의 마음속 깊이 파고든다. 이 때문
에 음악적인 솜씨 이전에 먼저 그 사람됨을 보아야 한다. 어떤 시가
너무 아름다워 심취해 있다가 그것을 쓴 작가의 삶과 행위를 보고
는 만정이 다 떨어진 경험이 있다. 삶과 동떨어진 예술을 어찌 받아
들일 수 있으랴. 차라리 그 사람을 몰랐거나 그 시를 몰랐더라면 얼
마나 좋았을까 생각도 했다.

월북한 미술 평론가이자 수필가, 화가였던 근원近園 김용준金瑢俊
은 〈예술에 대한 소감〉이라는 제목의 수필에서 이렇게 말했다. 한자

투를 오늘 식으로 약간 바꾸면 이렇다.

모든 위대한 예술은 결국 완성된 인격의 반영일 수밖에 없다. 인간이
되기 전에 예술이 나올 수는 없다. 미는 곧 선이다. 미는 기술의 연마에
서만 오는 것이 아니다. 인격의 행위화行爲化에서 완전한 미는 성립된
다. 기술이 피부나 살(부육膚肉)이라면 인격은 힘줄이나 뼈(근골筋骨)다. 든
든한 근골과 유연한 부육이 서로 합일될 때 비로소 미의 영혼은 거기
깃들 수 있다.

그는 기술이 살이나 피부라면 인격은 힘줄이요 뼈라고 말한다.
힘줄과 뼈가 부드러운 살이나 피부와 만날 때에야 비로소 아름다
움이 드러난다. 모든 위대한 예술은 결국 인격의 완성을 통해서 이
루어진다는 이 말은, 언제 보아도 몇 번을 보아도 고개를 끄덕이게
한다.

중화주의에 빠진 조선의 경직성

그러나 다음과 같은, 그렇지 못한 이들의 이야기를 종종 보게 된다. 어
숙권魚叔權의 《패관잡기稗官雜記》에 나오는 악공樂工 강장손姜長孫의

이야기가 바로 그런 예다. 강장손은 16세기 초반에 활동한 사람으로 거문고를 잘 연주한다고 이름이 났다. 우리나라의 소리는 중국의 그것과는 달라서 전하는 속악俗樂*이 반드시 모두 절주節奏에 맞지는 않는다는 점에서 〈귀거래사歸去來辭〉 곡조를 창작해 연주했다.

〈귀거래사〉는 중국 송나라 때의 시인 도연명陶淵明의 작품이다. 나이 41세가 되던 해인 405년에 팽택현彭澤縣 지사知事로 있었는데 감독관의 순시 때문에 의관을 갖추고 몇십 리까지 마중을 나가 영접해야 했다. 도연명은 다섯 말밖에 되지 않는 적은 봉급을 위해 소인배에게 허리를 굽힐 수 없다고 하며 그날로 사직하고 고향으로 돌아갔다. 〈귀거래사〉는 이런 심경을 읊은 작품이다. 이 작품은 세속적인 영달에 대한 욕심을 버리고 자연에 은둔하는 기개를 표현한 내용으로 온 세상에 유명했다. 이후 벼슬아치들은 진심이든 아니든 자신의 욕심 없음과 세상과 맞지 않음을 말할 때 늘 '귀거래歸去來', 즉 고향으로 돌아갈 것을 외쳤다. 벼슬길의 풍파는 끊임이 없고 부귀에 대한 욕심도 끊일 날이 없기에 이 작품은 중국이든 조선이든 가리지 않고 늘 애송되었다.

지금 우리는 이 작품을 한 편의 글로만 읽을 뿐이지만 옛날에는 여기에 곡조를 붙여 불렀다. 문제는 중국의 발음과 우리나라 말이

---

* 우리 고유의 전통 궁중 음악을 중국계의 아악이나 당악에 상대해서 이르는 말.

달라서 음절이나 곡조가 어울리지 않는다는 것이었다. 이런 점을 고려한 강장손은 중국에서 전래된 〈귀거래사〉의 곡조를 고쳐보았다. 제대로 전래되지 않아 잊힌 부분들에 대해서는 직접 창작도 했다. 그랬더니 음절이나 곡조도 자연스러웠고 우리나라 사람들의 정서에 맞도록 분위기도 조절할 수 있게 되었다. 소문은 빨랐다. 어쩌다 우연히 강장손이 고친 곡조를 들어본 사람은 다들 그것을 따라 했고 다투어 악보로 옮겨 서로 전했다. 어느새 그 소문이 궁궐에까지 들어갔다.

여기에서 문제가 시작된다. 찬성贊成 이장곤李長坤은 음률을 깨우쳐 장악원掌樂院 제조提調가 되었다. 장악원은 궁중에서 연회를 위해 음악과 무용을 담당하던 관청이고 제조는 조선시대 잡무와 기계 계통의 기관을 담당하던 관청이다. 보통 제조는 고위관직을 맡은 사람이 겸직하는 경우가 많았다. 하루는 이장곤이 장악원에 앉아 강장손에게 〈귀거래사〉를 연주하게 했다. 겨우 한두 줄 연주했을 때, 이장곤이 끌어내려 곤장 80대를 치라 하며 말했다.

"네가 어찌 감히 마음대로 거짓 음악을 만들어 사람들을 미혹시키느냐?"

강장손이 이 일로 결국 죽고 말아 〈귀거래사〉 곡조가 끝내 끊어지고 말았다.

유가의 선비들은 중국의 하·은·주 삼대를 세상에서 가장 이상적인 정치가 이루어진 시대라고 여겼다. 그때를 정점으로 후대로 갈수록 도가 쇠퇴했다고 생각했다. 그래서 그들은 끊임없이 복고復古를 주장하며 하·은·주 시절의 훌륭했던 정치를 재현하고자 했다.《논어論語》〈술이述而〉편에서 공자는 자신의 저술에 대해 "술이부작述而不作"이라고 말했다. 즉 옛사람의 말씀을 풀었을 뿐 창작한 것이 아니라고 했다. 겸양의 의미로 사용했을 터이지만 이후 유학자들은 이런 기조를 유지한 채 성인의 말을 그에 가장 가깝게 표현하거나, 옛것에 대해 가장 근사하게 모방하는 것을 절대 가치로 생각했다. 중국이나 조선의 선비나 마찬가지였다. 조선의 유학자들은 소중화小中華 의식에 젖어 더욱 완고하게 옛것에 대한 무조건적인 묵수 태도를 보였던 것이 사실이다.

이런 인식은 서예나 회화나 음악 등의 예술 분야에서도 나타난다. 사람들은 중국 명필의 서첩, 또는 중국 화가의 화첩을 구해서 그것을 흉내 내는 데 온 힘을 기울였다. 분명 조선의 화가가 그린 그림인데도 거기에 표현된 자연은 우리나라에서 찾아볼 수 없는 지형이었다. 때문에 정선鄭敾이 참으로 우리의 산수를 그리자는 진경산수화眞景山水畫 운동을 주창하게 되었던 것이다.

강장손과 이장원의 일화는 음악적인 면에서 이와 같은 맥락을 보여주는 이야기다. 강장손이 겨우 한두 줄 연주했을 때 곧장 그에게 곤장을 때려 죽게 했다는 것으로 보아, 이장원은 고친 음악의 좋고 나쁨에 대해서는 처음부터 관심이 없었던 것을 알 수 있다. 그는 중국에 없는 소리를 함부로 창작하는 것을 용납할 수 없었다. 우리에겐 창작이란 있을 수 없고 오직 전승傳承만 있을 뿐이라 생각했던 것이다. 그가 음률을 알았을지는 모르겠으나 그 음률이 과연 그 어느 한 사람의 마음이라도 움직일 수 있었을지는 모르겠다.

어숙권은 "관현악기에 노래와 시를 올리는 것은 솜씨가 신묘한 사람이 아니면 할 수 없다"*면서 이 이야기를 시작했다. 강장손이 신묘한 솜씨로 〈귀거래사〉를 거문고 곡조로 옮긴 것에 무게를 두어 서술한 것이다. 그러나 그의 안타까운 죽음이 말하는 것은 그의 '솜씨 있음'이 아니라 그런 솜씨 있는 자를 포용해주지 못했던 이장원이란 사람의 좁음과 당시의 경직성이다. 이장원이 좀더 마음을 넓게 써서 그 음악 자체의 성취를 판단하려 했다면 솜씨 있는 한 영혼의 죽음은 없었을 것이며, 아름다운 곡조가 더 많이 탄생했을 것이다.

---

* 어숙권,《패관잡기》. "被歌詩於絃管, 非手之神妙者不能也."

스승을 변화시킨 억척스러운 제자

포용력이 크지 못해 벌어진 안타까운 일을 쓴 또 다른 이야기도 있다. 추재秋齋 조수삼趙秀三이 쓴 기록으로, 영조英祖 때에 활동했던 음악인 김성기金聖器와 그의 스승 왕세기王世基의 이야기다.

새로운 것을 보면 남이 알기 전에 혼자 갖거나 익혀서 자기 것으로 만들고 싶은 것이 인지상정이다. 한편 스승이 제자에게 많은 것을 가르치고 깨우쳐주고 인도하면서 같은 학맥을 유지하는 것 또한 통상적이다. 왕세기는 새로운 곡조를 만나면 가슴이 뛰었고 그것을 익히려 스스로 매우 노력했다. 다만 악곡 전수에는 인색하게 굴었다. 다른 사람은 물론이고 제자들에게도 감추며 소리가 새나갈까 전전긍긍하며 밤에 몰래 집에서만 연습했다.

날마다 스승의 옆에서 심부름을 하며 하나하나 배우고 싶었던 제자 김성기는 답답했다. 스승은 늘 새로운 곡조를 연주하는데 그 어느 것 하나 가르쳐주지 않았다. 오늘에나 가르쳐주실까 내일에나 가르쳐주실까 하다가 시간만 훌쩍 지나버렸다. 새 곡조에 대해 너무 궁금했던 김성기는 궁리 끝에 밤마다 스승 방 창가에 숨어들어 귀를 대고 몰래 연습하는 소리를 들었다. 처마 밑에 앉아 숨죽여 들으며 하나라도 놓칠세라 집중했다. 허공에다 맨손가락을 움직여 부지런히 연습도 했다. 하룻밤 내내 듣고 나면 그 곡조가 자연스레 다

94

익혀져 다음날 아침에는 그 가락을 정확히 옮겨낼 수 있었다.

스승 왕세기는 어느 날부턴가 자신이 전수하지도 않은 곡조를 제자 김성기가 연주하는 것을 들었다. 스승은 제자가 의심스럽기 그지없었다. 새것을 혼자만 알고 싶어서 일부러 밤늦은 시간에 방문을 꼭 잠근 채 연습했건만 제자는 번번이 가르쳐주지도 않은 새 곡조를 아주 정확히 연주해내는 것이 아닌가. 지난 번 악곡도 그러더니 이번 악곡도 그랬다. 이상하게 여기다가 혹시나 싶어 밤에 연습하는 중간에 벌컥 창문을 젖혔다. "아이쿠!" 하며 누군가 놀라 땅바닥에 자빠졌다. 김성기였다. 제자 김성기의 이 열심을 보고 왕세기는 결국 '작품에 욕심내는 한 예술인'에서 '제자를 아끼는 한 스승'의 위치로 돌아왔다. 그 후로는 김성기를 매우 기특하게 여겨 얻은 것을 모두 그에게 전수해주었다.

새로운 것에 대한 욕심, 남들이 모르는 나만의 무언가를 갖고 싶은 욕심을 이해하지 못할 것도 없다. 다만 여기에서 나아가 좀더 넉넉한 사람이 되어주기를 바랄 뿐이다. 어떤 계기가 있을 때 마음을 바꾸고 태도를 바꿀 줄 아는 왕세기는 그래도 넉넉한 사람이었다. 김성기는 그런 스승의 문하에서 음악을 익히다가 나중에는 시대가 알아주는 큰 음악인이 되었다. 왕세기는 제자 김성기의 명성에 가려진 인물이 되었으나 그의 반할 줄 아는 마음, 넓은 마음 씀씀이가 결국 김성기를 만들어낼 수 있었던 것이다.

내친김에 김성기에 관한 일화를 하나 더 소개한다. 경종 초년인 1722년에 목호룡睦虎龍은 60여 명이 국왕 시해를 공모했다고 고변한다. 이 일로 노론 일파의 상당수가 숙청되었다. 왕통문제와 관련해서 소론이 노론을 숙청한 이 사건은 신축년과 임인년에 걸쳐 일어난 것이라는 의미에서 한 글자씩 따서 신임사화辛壬士禍라 한다. 이 공으로 동성군東城君으로 봉해진 후 조정의 그 누구도 감히 목호룡의 뜻을 거스르지 못하게 되었다.

어느 날 목호룡이 사람들과 술자리를 벌이고는 김성기를 청하여 분위기를 돋우라고 했다. 김성기는 아프다며 거절했고 목호룡은 계속해서 심부름꾼을 보냈다. 화가 난 목호룡이 사람을 보내 그를 협박하자 김성기는 타던 비파를 내던지며 이렇게 호령했다.

"동성군에게 전해라. 내 나이 일흔에 어찌 너 같은 놈을 두려워하랴. 너는 고자질하기를 잘하니 어디 가서 나도 고발해보거라. 죽기밖에 더하겠느냐."

이 말을 전해들은 목호룡은 낯빛이 파랗게 질리더니 흥이 떨어져 잔치를 끝내버렸다고 한다. 1724년 영조가 즉위한 후 신임사화가 무고로 일어났음이 밝혀져 결국 목호룡은 당고개에 효시되었다. 김성기의 이 일화는 이후 사람들 입에 오르내렸으며 오늘날에도 권세가 앞에서도 꺾이지 않는 의기義氣를 말할 때 빠지지 않고 인용된다.

다시 앞서 인용한 이야기로 돌아가보자. 조수삼은 왕세기와 김성

기의 이 일을 간략히 소개한 후에 이에 대한 소감을 다음과 같이
칠언절구로 써놓았다.

> 몇 개의 새로운 곡조 익히는 중에
> 창문을 열어보고 탄복했다네.
> 물고기와 학 나는 곡조 전하니
> 후예后羿를 쏜 일일랑 다시없기를.*

처음 두 구는 김성기와 왕세기의 일을 요약해 제시한 것이다. 세
번째 구의 주인공은 옛 중국사람인 호파의 이야기다. 앞서도 잠시
이야기했듯, 그가 거문고를 연주하면 그 소리가 너무 좋아서 물고기
가 물 밖으로 뛰어오르며, 하늘 어디에선가 학이 내려와 춤을 추었
다고 한다. 마지막 구의 "후예를 쏜 일"이란 이렇다. 방몽逢蒙이 유궁
국의 임금 후예에게 활쏘기를 전수했다. 그러나 후예의 재주가 자신
보다 뛰어나게 되자 방몽은 그를 죽여버렸다 한다.

방몽이 그런 인간이었다면 그 재주가 어느 정도인지는 생각하고
싶지 않다. 솜씨와 마음씨는 함께 가야 비로소 그 가치가 빛난다.

---

* 조수삼,《추재기이秋齋紀異》."幾曲新饒捻帶中, 拓窓相見歎神工, 出魚降鶴今全授, 戒汝休關
 射羿弓."

완벽을 만드는 한 삼태기의 흙

어떤 마음씨를 가져야 한단 말인가? 음악가의 심성과 관련하여 배움과 가르침의 자세를 함께 생각해보는 것이 필요하다. 이런 면에서 조선시대 세종의 지우知遇를 입어 음악분야에 큰 업적을 남긴 박연의 일화는 감동적이기까지 하다.

대제학을 지낸 박연은 본래 영동지방 유생이었다. 젊었을 때에 향교에서 학업을 익히며 과거시험을 준비하고 있었다. 마침 이웃에 피리를 불 줄 아는 사람이 살고 있어서, 박연은 공부를 하다가 쉬고 싶을 때면 그를 찾아가 피리를 배웠다. 재능을 타고났는지 피리 부는 솜씨가 금세 늘어 온 마을 사람들이 그가 피리를 매우 잘 분다고 칭찬할 정도가 되었다.

이러구러 과거시험 날짜가 다가와 박연은 한양에 올라갔다. 여유를 두고 일찍 왔던 탓에 이곳저곳을 둘러보다가, 당시 궁궐의 음악을 담당하는 관청인 장악원掌樂院에서 연습하던 어느 광대의 피리소리를 들었다.

이미 온 마을 사람들이 피리의 명수로 인정해주었건만 자신보다 솜씨가 나은 사람을 만나자 박연은 곧바로 가르침을 청했다. 자신이 피리를 불어볼 테니 어떤지 보고 잘못된 것이 있으면 고쳐달라 했다. 유생이 당시 천대받던 광대에게 가르침을 청하는 일도 쉽지 않은데, 이어지는 내용은 더욱 흥미롭다. 한 곡조 연주한 것을 조용히 듣던 광대가 크게 웃었다.

"음절이 상스럽고 절주에 맞지 않은데다 옛 버릇이 굳어져 고치기가 어렵겠습니다."

"가락이 상스럽고 절조에도 맞지 않는다"니 혹평 중에서도 혹평이다. 이미 박연은 많은 사람에게 칭송을 받고 있었는데 말이다. 여느 사람 같으면 불같이 화를 내고 욕을 해대며 뒤도 보지 않고 가버렸을 것이나 박연은 겸손한 자세로 더욱 간절히 가르침을 청했다.

"비록 그러하나 가르침을 받고 싶습니다."

그러더니 날마다 부지런히 쫓아다니며 배웠다. 며칠이 지나 광대가 소리를 들어보고 말했다.

"먼저 배운 사람들을 가르칠 만합니다."

또 며칠 후에 들어보더니 "법도가 이미 이루어졌습니다. 앞으로 대성할 수 있겠습니다"라고 했다. 또 며칠 만에는 자기도 모르는 사이에 무릎을 꿇고 말했다.

"제가 따라갈 수 없습니다."

과거시험을 앞둔 사람이 날마다 광대를 쫓아다니며 부지런히 피리를 배운다는 것은 흔치 않으며 쉽지 않은 일이다. 그러나 박연은 대스승을 모신 사람처럼 겸손하면서도 열심히 하루하루 그를 따랐고 그러다보니 먼저 배우기 시작한 사람들보다 솜씨가 나아져 결국 광대를 능가하는 솜씨가 되었다. 이후 과거시험에도 합격했다. 매 순간 자신을 낮추는 겸손한 심성과 우직한 열심이 이루어낸 결과라는 사실을 말해 무엇하랴. 그런 심성이 바로 훗날 세종의 지우를 입어 음악사에 큰 공을 남긴 대제학 박연을 만들어냈던 것이다. 박연에게 음악을 배우지 않더라도 저 심성을 깊이 새기며 배울 일이다. 그는 과거에 급제한 후에도 거문고·비파 등 여러 악기를 익혀 정묘하지 않은 것이 없더니 뒤에는 조선시대 전기 음악을 맡은 관청인 관습도감慣習都監의 제조로 발탁되어 음악에 관한 일을 전담했다.

조선시대 후기 헌종憲宗 무렵에 살았던 왕석중王錫中이란 인물도 눈여겨볼 만하다. 그는 타고난 음감을 지녔을 뿐 아니라 목소리도 매우 맑았다. 시쳇말로 '은쟁반에 옥구슬 굴러가는 소리'라는 말은 바로 그의 목소리를 표현한 말인 듯했다. 특별히 누구에게 배운 적은 없었지만, 다른 사람이 노래하는 것을 단 한 번만 들어도 남보다 훨씬 더 멋지게 전할 수 있을 정도였다고 한다.

어려서부터 뭇 사람을 따라 여러 곳을 왕래했으나 누구도 그가 노래를 잘한다는 것을 알지 못했다. 그러던 어느 날 왕석중이 문득 조용히 박자를 맞추며 노래를 하니 모든 사람이 붓을 내려두고 귀를 기울이며 일하는 것도 잊은 채 한참 동안 가만히 있었다고 한다. 이후 그는 음악계의 천재로 불리며 인정받았다. 그러나 정작 그에 관해 하고 싶은 말은 이것이 아니다.

일찍이 어떤 가객이 개성을 지나다가 왕석중의 노래를 들었다. 가던 길을 멈추고 조용히 감상하면서 "좋구나!" 하며 추임새를 넣더니 문득 혀를 찼다.

"아깝도다! 솜씨가 아직 미치지 못한 데가 있구나."

우연히 왕석중이 그 소리를 들었다. 귀에 쓴 소리가 몸에는 좋다지만 비판의 소리를 순순히 받아들이기는 쉽지 않다. 어려서부터 천재로 인정받으며 살아왔기에 한없이 자부심을 갖고 자만할 수 있었던 왕석중에게는 더욱 그러했을 터이다. 그러나 왕석중은 누군지도 모르는 객의 그 한마디를 놓치지 않았다. 겸손하고도 간절히 연주를 부탁하고는 자신은 조용히 귀 기울여 그 소리를 들었다. 자신의 부족한 점이 무엇인가 생각하면서……. 그 순간 천재성이 발휘되어 왕석중은 가객의 노래가 채 끝나기도 전에 자신의 부족한 점을 단번에 알아차렸다. 이번에는 가객에게 들어달라 하고 자신이 노래를 불렀다. 그랬더니 가객이 기뻐하면서 퉁소로 왕석중의 노래에 화음을 맞춰주었다. 듣는 사람이 모두 감동해 눈물을 비처럼 흘렸다고 한다.

《서경書經》 13권, 〈여오旅獒〉에 "공휴일궤功虧一簣", 즉 '공이 한 삼태기 흙 때문에 사라져버렸다'는 말이 있다. 물을 얻으려 땅을 아홉 길이나 팠는데, 한 삼태기만 더 파면 될 것을 그만 포기하고 말았다는 말이다. 마지막 한 삼태기의 흙을 파지 않으면 아홉 길이나 파

내려간 공은 헛것이 된다. 왕석중이 어려서부터 솜씨가 뛰어났고 타고난 음감을 지녔을지라도 자신의 부족함을 지적하는 사람의 말에 귀를 기울이며 기꺼이 배우려는 심정이 없었다면 그는 물을 얻으려 땅을 팠다가 성공 직전에 포기해버리는 2퍼센트 모자란 음악가가 되었을 것이다. 어떤 상황에서든, 그 누구에게든 가르침을 청하며 귀 기울이는 행동이야말로 우물을 파는 일을 완성시키는 한 삼태기의 흙이다. 이것을 다른 말로 하자면 '심성'이다. 이 마음 씀씀이가 바로 한 삼태기의 흙이다.

조선시대 후기 이른바 연암 그룹 가운데 한 사람인 이덕무李德懋는《이목구심서耳目口心書》에 이런 글을 남긴 적이 있다.

어떤 사람이 나를 경계하여 말했다.

"옛날부터 한 가지 작은 기예를 갖게 되면 그때부터는 뵈는 사람이 없게 된다. 한쪽으로 치우친 견해를 갖고서도 스스로 믿어서 문득 남을 업신여기는 마음이 생겨난다. 그러면 작게는 몸에 욕이 모이고, 크게는 재앙이 뒤따른다. 요즘 자네가 날마다 글자의 사이에 마음을 두고 있으니 남을 업신여길 밑천을 만들려 힘쓰는 것인가?"

내가 손을 모으며 말했다.

"감히 경계로 삼지 않겠는가."

이덕무는 식견이 탁월했으나 서얼인 탓에 평생 숙명적인 한계를 지닌 채 가난하게 살았던 인물이다. 그러다 39세 때에야 학술을 진흥시켜 왕권 강화를 이루려 한 정조正祖 임금에 의해 규장각 초대 검서관으로 임명되었다. 그가 죽자 정조가 나랏돈으로 문집을 간행케 할 정도였으니 그의 학문과 식견은 더 말할 필요가 없다. 그는 문자학에 능했을 뿐 아니라 금석金石이나 서화書畵, 풍토風土 등에도 능했다. 이런 식견을 알아차린 정조는 그에게 끊임없이 저서를 남기라 격려했다. 그 덕분에 그가 집필한 책이 많이 남았다.

세상에 무엇이든 거저 얻는 것은 없다. 그가 여러 방면에 능했다면 이를 위해 평소 얼마나 열심히 다방면의 책을 읽었을 것인가 생각해야 한다. 여러 방면에 전문가라 할 만큼 능숙해지자 이덕무는 오히려 끊임없이 자신을 다잡았다. 서얼이라는 신분적 억압 속에 벼슬길에 들어선 그가 느낀 남다른 위태로움도 있었다. 그래서 늘 조심하고 또 조심했다. 이 이야기는 그런 그의 마음가짐을 우회적으로 표현한 것이다.

어떤 사람이, 한 방면에 능한 사람은 한쪽으로 치우치게 되어 다른 사람을 업신여기다 결국 제 스스로를 그르친다는 점을 말했다. 그러면서 미친 듯이 책에만 빠져드는 이덕무에게 일갈을 날렸다.

"너 또한 남을 업신여길 치우친 견해를 만들려고 책만 들이파는 것이냐?"

그의 말에 정신을 차린 이덕무는 "평생 삶에서 경계로 삼겠노라"고 다짐했다고 한다. 어떤 사람이 그에게 말했다고 했으나 실상 스스로가 자신에게 하는 말이다. 그가 하는 공부가 자신을 교만하게 만들지 못하게 하려고 생각하고 또 되새기며 쓴 글이다.

자기 이외에 다른 사람이 보이지 않으면 그때가 삶에서 가장 위험한 순간이다. 사람은 어느 부분에서나 한 가지를 잘한다고 느끼게 되면 그때부터 자신보다 못한 사람을 무시하고 업신여기면서 스스로 도도해지고 교만해진다. 특히 음악을 하는 사람들의 경우에 이런 습성은 더욱 두드러진다.

갖고 있는 조그만 기술, 알고 있는 적은 지식으로 세상 제일의 인물인 양 남 앞에서 교만하다가 결국 재앙을 받는 사람이 수두룩하다. 그런 이들에게는 차라리 기술이 없었으면 더 좋았을 뻔했다.

《장자莊子》〈소요유逍遙遊〉편에는 매미와 비둘기가 대붕大鵬을 비웃는 이야기가 나온다. 대붕은 날개가 워낙 커서 창공을 9만 리 정도 올라가야 비로소 날개를 치며 갈 수 있다. 그러나 그 크기를 가늠하지 못하는 매미와 비둘기는 "우리는 있는 힘껏 날아올라야 느릅나무나 다목나무 가지에 닿는다. 때로 거기에도 이르지 못해서 땅바닥에 내동댕이쳐진다. 그런데 어째서 9만 리나 올라가서 남쪽으로 가려고 하는가?"라며 대붕을 비웃는다. 또 여름날 하루를 살다 죽는 하루살이가, 추위에 대비해서 종일토록 열심히 일하는 개미를 비웃는다. "하루 살다 죽을 텐데 무슨 추위가 있다고 저렇게 힘들게 일하나" 하고 말이다.

벼는 익을수록 고개를 숙인다고 하고, 고수끼리는 통한다고 한다. 노자老子의 《도덕경道德經》에 '대교약졸大巧若拙'이라는 말이 있다. 큰 기술을 가진 사람은 오히려 어리숙한 것처럼 보인다. 겸손과 깨달음은 서로 통한다. 자만하지 않는 한결같음, 남을 인정할 줄 아는 넉넉함! 그런 마음씨와 오묘한 솜씨가 어우러져 큰 인물, 큰 기술, 큰 예술이 이루어지는 것이다. 마음씨와 솜씨! 그것은 늘 함께 가는 것이고, 그래야 진정한 아름다움이 드러나는 것이다.

3. 지기

: 알아줄 이를 얻었을 때 완성되는 예술

중국 진晉나라 초국譙國 사람인 대규戴逵는 거문고를 잘 타기로 유명했다. 무릉왕武陵王 희晞가 그의 거문고 연주를 듣기 위해 사람을 보냈다. 그러나 대규는 벌떡 일어나더니 자신의 거문고를 부수어버렸다. 자신은 왕족에게 비위나 맞추는 사람이 아니라며 단호히 거절하면서 말이다. 중국의 손승은孫承恩은 〈동군전桐君傳〉에서 대규에 대해 이렇게 표현했다.

대규는 사람을 매우 가렸다. 진실로 걸맞은 사람이 아니면 비록 왕공이라도 어울리지 않았다.*

106

왜 그가 목숨을 걸고서라도 무릉왕의 부름을 거부했겠는가? 무릉왕은 그저 멋을 부리기 위해 자기를 부른 것임을 알았기 때문이다. 들을 귀가 있는 자를 위해 하는 것이 진정한 연주이기 때문이다.

지금 세계의 인구는 약 70억이고, 남한에만 해도 5,000만에 가까운 사람이 산다. 같은 시간 같은 땅에 이렇듯 많은 이가 함께 살지만 그들 가운데 나를 아는 사람은 얼마나 될까? 오랜 시간 준비하고 고민해서 한 줄 한 줄 썼는데, 이 글을 읽는 사람은 몇 명이나 될까? 60분의 학예회를 위해 서너 달을 준비했는데 앞에 앉아서 봐주는 사람이 서너 명뿐이라면 기분이 어떨까? 어깨 통증을 참느라 파스를 온몸에 붙이고, 손이 움직이지 않아 입으로 붓을 잡아가기까지 하며 그림을 그렸는데 그 그림을 봐주는 사람이 없다면 기분이 어떨까?

삶은 자기만족이라 할 수도 있겠으나 인간은 상대의 인정을 통해 자신의 존재이유를 확인하는 경우가 많다. 그래서 나를 잘 알아주는 사람, 즉 내 삶을, 내 생각을, 내 작품을 잘 알아주는 단 한 사람을 얻기 위해 수많은 사람이 오랜 시간을 기다리고 헤매었다. 그 한 사람을 찾았을 때 환호했으며 그를 잃었을 때 절망했다.

---

* 손승은, 〈동군전〉. "戴則務擇人, 苟非其人, 雖王公弗與."

소리를 알아주는 사람

중국의 옛사람 백아와 종자기는 매우 가까운 사이였다. 서로가 무슨 생각을 하는지 쉽게 알아차렸다. 백아가 저 높은 산을 생각하고 거문고를 타면 아무런 설명을 하지 않아도 종자기는 그 가락을 듣고 높은 산의 모습을 떠올렸다.

"좋구나! 높고 높은 태산과 같네."

드넓은 바다, 용솟음치는 파도를 생각하며 거문고를 연주하면 종자기 역시 큰 물을 생각하며 함께했다.

"좋구나! 넓고 넓은 황하나 양자강 같구나."

그런 종자기를 앞에 두고 있으면 백아는 먹지 않아도 신났을 터이다. 수수께끼를 내고 그 문제를 맞히듯 서로 기뻐하며 함께 뒹굴었을 두 사람의 모습이 눈에 선하다. 《열자》에 나오는 내용이다. 속마음까지 오해 없이 잘 알아주는 친구를 두고 지음, 즉 '소리를 알아주는 사람'이라 하는 것이 바로 이 두 사람의 고사에서 유래했다는 것은 앞서 이야기했다.

그러다 종자기가 먼저 죽었다. 《여씨춘추呂氏春秋》에는 이때 백아가 어떻게 했는지에 대한 기록이 있다. 종자기가 죽자 절망한 백아는 거문고를 부수고 줄을 끊어버린 후 죽을 때까지 다시는 거문고를 켜지 않았다. 그 거문고가 어디 그냥 거문고던가? 자신의 전부였다.

악기를 연주하면 누구나 어떤 소리를 들을 수 있다. 허나 백아는 그 소리를 알고 이해할 만한 사람이 없다면 그 거문고 소리는 존재할 가치가 없다고 생각했던 것이다. 이것은 자기 스스로의 존재 의의를 상실한 절망이기도 했다. 백아는 어쩌면 당연히 줄을 끊을 수밖에 없었을 것이다. 《여씨춘추》의 편자는 그 이유를 이렇게 설명했다.

연주해줄 만한 사람이 없다고 여겼기 때문이다.*

그렇다. 연주는 알아줄 사람을 얻었을 때 완성되는 예술이다. 사마천의 《사기》〈자객열전刺客列傳〉에 형가荊軻와 고점리高漸離의 이야기가 나온다. 위衛나라 사람 형가가 연燕 땅으로 옮긴 후 고점리와 친하게 지냈다. 저잣거리에서 함께 술을 마시다가 취하면 고점리는 축筑을 타고 형가는 그것에 맞춰 노래를 부르며 울기도 웃기도 했다. 축은 중국의 현악기 가운데 하나로 대나무를 반으로 쪼개어 그 표면에 5줄에서 21줄까지를 맨 후 대막대기로 그 줄을 두드려 연주하는 것이다.

나중에 형가가 연나라 태자 단丹의 부탁을 받아 진시황秦始皇을 죽일 자객으로 떠나게 되었다. 역수易水에서 형가를 전송할 때 모든

---

* 여불위呂不韋, 《여씨춘추》, "以爲無足爲鼓者."

준비가 다 끝났는데도 형가는 머뭇거리며 있다가 고점리가 오고 나서야 그의 축 연주에 맞춰 노래를 한 곡조 부른 후 진나라를 향해 떠났다. 왜 그랬을까? 형가가 암살에 실패해 죽임을 당한 후 고점리는 스스로 장님이 되어 진시황의 악공으로 들어갔다. 축에 쇳덩이를 넣은 채 연주하며 기회를 보다가 그 쇠를 진시황에게 던졌으나 빗나가 역시 죽임을 당했다. 고점리는 왜 스스로 장님이 되면서까지 형가가 이루지 못한 일을 완성하려 했을까? 형가가 자기를 알아봐주는 사람이었기 때문이다. 상대의 존재가 곧 자신의 존재 이유였기 때문이다.

지기에 대한 갈망

정조正祖와 순조純祖 연간에 활동했던 문인 심노숭沈魯崇은 계섬桂纖의 전기를 남겼다. 계섬은 아전의 딸로 태어났으나 10세가 갓 넘었을 무렵 고아가 되어 노비로 지내다가 주인의 도움으로 창을 배웠고, 이 분야에 두각을 나타내었다. 이후 시랑 원의손元義孫의 성비聲婢, 즉 소리하는 종이 되었다가 이정보李鼎輔 수하에 들어가게 되었다. 이정보는 정2품에 해당하는 대제학을 지낸 고관이었으나 평소 음악을 좋아해 여러 음악인의 후원자를 자청했다. 늙어 관직을 그만둔 후로는 음악을 하는 광대를 키우는 것을 낙으로 삼을 정도였기에, 남녀 명창들이 그의 문하에서 많이 배출되었다.

이정보는 특히 계섬을 아껴서 늘 곁에 두었다. 계섬은 자신의 재능을 기특히 여기고 인정하는 주인 밑에서 악보에 따라 배우면서 몇 년의 과정을 마쳐 실력이 더욱 향상되었다. 심노숭의 표현에 의하면 "계섬이 노래를 하면, 마음은 입을 잊고 입은 소리를 잊어서 소리가 웅웅 집안 들보에 울렸다"고 한다. 그 정도라면 온 나라에 명창으로 이름났을 것임은 짐작하기 어렵지 않다. 지방의 기생들이 한양 관아에 소속되어 노래를 배울 때에는 다들 계섬에게로 몰려들었고, 학사 대부들 가운데에서도 계섬을 위해 시를 지어주며 칭찬하는 이가 많았다.

이쯤 되자 본래 계섬을 데리고 있었던 원의손이 문안하러 올 때마다 이정보에게 부탁해 계섬이 돌아오도록 설득해달라 부탁했을 뿐 아니라, 여러 번 강요하기까지 했다. 그러나 계섬은 끝내 따르지 않았다. 이정보의 특별한 인정에 부응해서였다.

그러다 이정보가 죽었다. 계섬은 마치 친아버지가 돌아가신 것처럼 슬퍼하며 곡을 했다. 그때 궁궐에 큰 잔치가 있었다. 담당 부서가 설치되어 여러 기생들이 날마다 모여 연습을 했다. 요즘에야 음악 하는 사람을 예술가로 높이지만 조선시대에는 남자나 여자나 음악을 주로 하는 이들은 천민에 속했다. 모두가 함부로 오라 가라 불렀으며 국가나 양반들이 마음대로 이리저리 소유를 옮기기도 했다. 때문에 이정보의 죽음은 가늠 길 없는 슬픔이었지만, 계섬은 궁궐 잔치에 가야 했다.

계섬은 궁궐의 부름에 나가면서도 이정보의 집을 오갔다. 먼 거리도 아랑곳하지 않고 아침저녁으로 제사음식을 살폈고, 날마다 묘 앞을 떠나지 못한 채 울며 보냈다. 담당 관청과 이정보의 집은 거리가 멀었다. 관리들은 계섬의 수고로움을 걱정하면서 번갈아 말을 빌려주며 관청까지 타고 오게 했다. 또 곡을 하다 목소리를 잃을까 걱정들을 하니 계섬은 곡도 못하고 훌쩍거리기만 했다. 장례를 마치자 안줏거리를 마련해 이정보의 묘소로 달려가 술을 올렸다. 술 한 잔에 노래 하나, 곡 한 번 하기를 반복하다가 날이 저물면 돌아오곤 했다. 왜 그랬을까? 이유는 오직 하나다. 자신의 음악을 알아보고 자신을 아껴주었기 때문이다.

하찮은 여자 가객이 아비의 묘를 자주 찾는 것을 못마땅하게 여기며 묘지기를 꾸짖은 이정보의 자제들이 아니었다면 계섬은 그곳에서 삼년상을 다 치르고 또 그 후로도 옆에 붙어 있었을지도 모르겠다. 이정보 자제들의 태도에 탄식하며 계섬은 그곳을 떠났다. 후에 한양의 부자 상인 한상찬韓尙贊이 수많은 재물을 들여 계섬의 뒷바라지를 했다. 그러나 계섬은 즐거워하지 않더니 끝내 그의 곁을 떠났다 한다. 왜 그랬는가? 돈으로 뒤를 봐주는 것과 '알아주는' 것은 다르기 때문이다.

계섬의 전기는 이후에도 한참 더 이어지는데 그 내용은 지기知己에 대한 목마름으로 가득 차 있다. 계섬은 대동강에 배를 띄운 채 그 위에서 벌어진 평양감사 회갑연에 참석하기도 했고 1795년 수원에서 있었던 혜경궁惠慶宮 홍씨洪氏의 회갑연에서 노래를 하기도 했으니, 가객 치고 상당히 성공했다고 할 수 있는데도 말이다. 평양감사 회갑연이나 혜경궁 홍씨의 회갑연은 현재 그림으로 남아 있어 그 화려하고 웅장하며 흥겨운 분위기를 느낄 수 있다. 그러나 나는 〈계섬전桂纖傳〉을 읽은 후로 이 그림들이 즐거워 보이지 않았다. 지기에 목말라하면서 죽어간 수많은 악공·가객 들의 아픔이 보이는 것 같아서 말이다.

끝내 지기를 얻지 못한 쓸쓸함을 이기지 못했던 계섬이 남긴 시조 한 수가 《화원악보花源樂譜》에 실려 전한다.

청춘은 언제 가며 백발은 언제 온고
오고 가는 길을 아던들 막을낫다
알고도 못 막을 길히니 그를 슬허ᄒ노라

이정보의 지음을 입었던 꿈같은 청춘은 어느덧 가버렸다. 자신을 알아줄 사람을 찾아 헤매다보니 백발이 되었다. 백발이 찾아오는 것을 알면서도 이를 막을 방법은 없고, 평생 찾아 헤매던 지기는 아직도 보이지 않으니 그것이 더욱 슬픈 것이다. 계섬은 심성상 지기를 찾고, 또 그 지기에게 충심을 다하는 인간성을 가졌던 것 같다. 조선시대 후기 최고의 풍류판을 벌일 줄 아는 인물로 유명했던 심용沈鏞의 이야기에서도 계섬의 이름이 거론된 것이 보인다.

심용은 재물에 대범하고 의를 좋아하며 풍류를 즐겨서 당대의 노래하는 사람, 악기 연주하는 사람, 시인 등이 늘 그의 옆에 모여들었다고 한다. 달도 환히 뜬 가을밤 가장 아름다운 경치를 지닌 곳에서, 신선 같은 옷에 신선 같은 부채를 날리며 앉아, 온갖 악기를 다 동원해 연주하게 하고, 좌우에 한 쌍의 학이 춤을 추게 만들고 노는 등 그가 벌이는 놀이와 풍류는 그 자체만으로 항간에 화제가 되었다고 한다. 특히 심용은 노래하는 이들, 연주하는 이들을 높이 대접하며 각 사람에게 평생의 재주를 다해 종일토록 노는 분위기를 자주 만들어주었으므로 음악인들 사이에서 자주 이야기가 오르내렸다. 그러던 그가 죽어 파주에서 장례를 치르게 되었다. 많은 음악인이 모여 그를 위해 슬퍼하며 눈물을 흘렸다. 다들 탄식하며 "우리는 평생 심공이 풍류를 즐길 때 함께 있었다. 심공은 우리의 지기이며 지음이었다. 이제 노래는 그치고 거문고줄은 끊어졌도다. 우리는 이제 어디로 가야 하는가"라고 했다. 그렇게 심용을 장사 지내고 그 무덤 앞에서 한바탕 노래하고 연주를 한 후에 통곡하고 다들 흩어져 돌아갔다.

《청구야담青邱野談》1권에 〈패영에서 노닐며 멋진 풍류를 즐길 일遊浿營風流盛事〉이라는 제목으로 심용과 다른 이들의 놀이 이야기가 나온다. 그리고 마지막에 심용이 죽을 때 다른 이들이 했다는 이야기도 앞에서와 같이 적었다. 이 기사의 맨 마지막에는 이렇게 나온다.

계섬만은 홀로 무덤을 지키며 그곳을 떠나지 않았다. 백발이 성성한 채 슬픔에 젖은 눈으로 사람들에게 심공의 이야기를 들려주곤 했다.

계섬이 비록 심용의 수하에 거했던 것은 아니나, 심용이 풍류를 즐길 때 늘 그 자리에 함께 있었던 것은 사실이다. 자신을 알아주고 대우해주며 음악을 함께해준 심용을 위해 계섬은 끝까지 그의 무덤을 지키며 심용이 사람들에게 기억되도록 했던 것이다. 계섬이 얼마나 지기를 갈망했고, 또 그 지기에 대해서 얼마나 신의를 다하는 여인이었던가를 알 수 있다. 그리고 계섬이 "백발이 성성한 채 슬픔에 젖은 눈으로" 있었다고 했으니, 심용의 무덤을 지킬 때 이미 계섬은 상당히 늙었으며, 그때까지도 지기에 대한 갈망으로 아파했던 것까지 볼 수 있다. 지기를 찾는 시간이 곧 인생의 전부인가보다.

기생 운심을 춤추게 한 오직 한 사람

사람은 오직 알아주는 사람을 위해 존재하며, 또 알아주는 사람 앞에서라야 비로소 자신의 것을 보여주고 싶은 생각이 나게 마련이다. 그러니 그냥 자신의 재산이나 권력이나 외모만을 자랑하며 '한번 해봐라' 하는 식으로 앉아 있는 사람은 상대의 진면목을 보지 못한다. 그러한 예를 기생 운심雲心과 거지 광문廣文의 일화에서 잘 볼 수 있다.

운심은 경상남도 밀양의 기생이었다. 전국에서 재능 있는 기생을 찾아 한양으로 보내는 제도에 따라 선상기選上妓로 뽑혀 한양에 왔다. 한양에서 칼춤을 추는 것으로 이름을 날리며 제자들을 키웠다. 조선시대 후기 실학자 박제가朴齊家가 묘향산을 유람하는 길에 용문사에서 검무 공연을 보고 그 모습을 자세히 묘사해 〈검무기劍舞記〉를 썼다. 그 끝에 "근세에 검무를 추는 기생으로는 밀양의 운심을 일컫는다. 내가 본 기생은 그의 제자다" 하고 주석을 붙여놓았다. 운심이 검무로서 널리 알려져 있었다는 것과 그가 여러 제자를 키워냈다는 것을 한꺼번에 볼 수 있는 기사다. 운심은 조선시대 후기의 문신이자 최고의 서예가로 꼽히던 윤순尹淳의 소실로 있다가 말년에는 전국을 여행하는 것으로 삶을 마감했다.

박지원은 소설 〈광문자전廣文者傳〉에서 운심과 광문의 일화를 그렸는데, "장안에 이름난 기생이 아무리 예쁘고 우아해도 광문의 입에서 칭찬이 나오지 않으면 그는 전혀 가치가 없었다"*라는 말로 이야기를 시작한다.

어느 날 궁궐 호위와 의장儀仗에 관한 일을 맡은 우림아羽林兒와 임금이나 세자 등의 행차 호위를 맡은 궁궐의 별감別監, 임금의 사위인 부마도위駙馬都尉의 집에서 일하는 청지기 등이 함께 당시 이름난 기생 운심을 찾아갔다. 궁궐의 별감 등은 당시 기생들의 기둥서방 노릇을 하며 그들을 좌지우지하던 계층이다. 기방을 배경으로 하는 조선시대 후기 풍속화에 등장하는 남자들은 다 이 사람들이라 보면 된다. 그들이 특별히 방에 술상을 거하게 차리고 장고·거문고 등 좋은 악기를 완벽하게 갖춘 후 운심을 불러 춤을 추라고 주문했다. 그러나 운심은 자꾸 딴 이야기를 하며 술을 권하기만 할 뿐 좀처럼 춤을 추려 하지 않았다.

그때 마침 광문이 그곳을 지나게 되었다. 방 앞을 오가며 그곳에서 일어나는 일을 물끄러미 보더니 불쑥 방에 들어가 제 마음대로 상좌에 앉았다. 별감 등은 그를 보고 어이가 없었다. 입은 옷은 다 떨어지고 눈가는 짓물러 눈곱이 덕지덕지 붙었으며 술에 취한 듯 머리는 다 헝클어진 웬 거지가 난데없이 들어왔으니 말이다. 그런데

---

* 박지원, 〈광문자전〉. "漢陽名妓, 窈窕都雅, 然非廣文聲之, 不能直一錢."

도 그의 행동거지는 조금도 거리낌이 없이 당당하기만 했다. 사람들이 멍하니 있다가 잠시 후 정신을 차려 서로 눈짓하며 그를 쫓아내려 했다. 그때 갑자기 광문이 앞으로 가서 앉아 무릎을 치며 장단을 맞추고 콧노래로 곡조를 흥얼거렸다. 그러자 운심은 씽긋 웃으며 일어나 옷매무새를 바로잡고 광문을 위해 칼춤을 추었다. 처음에는 붉으락푸르락하던 별감 등도 이 두 사람의 장단과 곡조를 듣고는 절로 흥이 나 함께 즐겁게 놀다가 결국 광문과 친구가 되었다고 한다.

기생들 위에 군림하던 궁궐의 우림아나 별감 등이 애원하다시피 해도 춤추기를 거절하던 운심이 거지꼴에 추한 몰골인 광문 앞에서는 빙그레 웃으며 칼춤을 추었다는데, 왜 그랬을까? 그저 보고 즐기려는 사람들과는 달리 상대를 감동시킬 만한, 상대에게 감동될 만한 무엇이 있었다는 의미일 것이다. 그것이 무엇이든 자신을 알아줄 만한 인물 앞에서 하고 싶은 것이 바로 지기를 찾는 이유다.

이 이야기는 조선시대 후기 3대 야담집 가운데 하나인 이원명李源命의 《동야휘집東野彙輯》에 〈기생 운심의 집에서 광문이 춤을 구경하다雲妓家廣文觀舞〉라는 제목으로 실려 있기도 하다.

공주에 추월이라는 기생이 있었다. 앞서 말한 계섬과 같은 시기에 활동했던 인물이다. 추월은 수십 년 동안 풍류객들 사이에 불려 다니며 노래하고 춤을 추었다. 말년에 그녀는 자신의 평생에 세 가지 우스운 일이 있었다고 말하곤 했는데 그 가운데 처음 꼽은 것이 바로 다음과 같은 일화였다.

이판서 댁에 가서 여러 가객 및 기생 들과 연주를 하고 있는데 한 점잖아 보이는 재상이 들어와 음악을 들었다. 며칠 후 그 재상의 집에서 똑같은 가객과 기생 들을 불러서 갔다. 그 재상은 자리를 벌여놓고 단정히 앉아서 그들에게 노래를 하게 했다. 나직하고 느린 노래를 시작한 음악이 초장도 아직 끝나지 않았는데 대감이 잔뜩 화를 냈다고 한다.

"너희가 전날 이판서 댁에서는 시원하고 들을 만한 노래를 하더니 지금 내 앞에서는 하기가 싫어 성의 없이 낮고 느려 빠진 노래를 하는구나. 내가 음률을 모른다고 해서 그러는 것이냐?"

영리한 추월이 얼른 눈치를 채고 다음과 같이 대답했다.

"첫 곡이라서 그렇습니다. 죄송합니다. 다시 기회를 주시면 들보를 흔들 만한 좋은 소리를 내도록 하겠습니다."

곧바로 악공과 노래하는 이들에게 눈짓을 해서 대뜸 크고 요란한 잡사를 했다. 너무 어지럽고 잡스럽게 해서 도무지 곡조가 되지 않는데도 대감은 몹시 좋아하며 부채로 책상을 치면서, "아하, 좋구나! 노래란 마땅히 이래야 할 게 아니냐" 하는 것이었다. 그래놓고는 보잘것없는 포를 내주며 먹으라더니 곧 돌아가라 했다고 한다.

곡조가 뭔지 모르는 사람이라 무조건 크고 빠르면 좋은 것인 줄 알았던 것이다. 그러면서 남들이 악공 등을 불러 감상을 하는 폼은

멋지게 보여 그것을 따라 하고 싶어했던 것이다. 그것이야말로 세상에서 가장 우스운 일이었다는 것이 추월의 회상이었다. 곡조도 이해할 줄 모르고, 악공이나 기녀도 대접할 줄 모르는 사람 앞에서 무슨 훌륭한 연주를 하고 싶겠는가. 그리고 그런 사람을 어찌 기억하고 싶겠는가. 연주란, 노래란, 예술이란 아는 사람, 알아주는 사람 앞에서 해야 진짜 연주고 노래고 예술이다.

전국시대 중국에 예양豫讓이라는 인물이 있었다. 처음에는 진晉의 범范 씨, 중행中行 씨를 섬겼다가 나중에 지백智伯의 신하가 되어 그의 총애를 받았다. 기원전 453년 지백이 조양자의 군대에게 멸망당하자 예양은 조양자를 암살하려다 실패해 붙잡혔다. 범 씨나 중행 씨가 죽었을 때는 복수하려 하지 않다가 유독 지백을 위해서만은 원수를 갚으려고 하는 이유를 묻는 조양자에게 지백은 이렇게 답한다.

"여자는 자신을 기쁘게 해주는 사람을 위해 단장하고 남자는 자신을 알아주는 사람을 위해 죽는다."*

범씨나 중행씨는 자신을 그저 그런 인물로 대해주었지만 지백은 자신을 높이 평가하며 아껴주었다. 알아줌을 입는다는 것은 목숨과도 바꿀 만큼 중대한 문제다.

---

*《사기》〈자객열전〉. "女爲悅己者容, 士爲知己者死"

박지원이 소설 〈허생전〉에서 "외국에 사신으로 보낼 만한 인재"라고 했던 졸수재拙修齋 조성기趙聖期는 "남들이 알아주지 않으면 하늘이 알아줄 것이고, 한 세상의 사람들이 알아주지 않으면 천만세 뒤의 사람이 알아줄 것입니다. 한 세상의 사람들이 떼로 모여 비난하며 나를 받아주지 않아도 천만세 뒤의 사람들은 여기서 놀라며 깊이 깨닫고 일어날 것입니다"라고 말하기도 했다.

조성기는 어렸을 적, 소아마비를 앓아 평생 집 밖을 함부로 나서지 못한 채 그 지식과 경륜을 속으로 삭혀야 했다. 오죽 답답하고 간절하면 천만세 뒤에라도 자신을 알아줄 사람이 나올 것이라 했을까? 천만세를 기다려서라도 꼭 만나고 싶은 것이 지기요, 천만세라는 긴 시간 동안에라도 만날 수 있을까 의심스러울 정도로 어려운 것이 바로 지기를 얻는 일이다.

죽은 물건에 숨결을 불어넣다

지기를 얻는 문제가 꼭 사람에게만 해당하는 것은 아니다. 어떤 연주자에게는 그것이 악기일 수도 있다. 김일손金馹孫은 좋은 거문고를 갖고 싶어 오랜 시간 동안 이곳저곳을 헤맸다. 어느 날 동화문 밖에 있는 한 노파의 집 문짝을 보았다. 두 개의 문짝 가운데 한 짝은 이미 부서졌고 지도리조차 제대로 붙어 있지 않았다. 그러나 김일손은 기뻐하며 그 문짝을 사서 그것으로 거문고를 만들었는데 소리가 매우 맑았다 한다.*

또 이보만李保晩이 어느 날 호남의 한 주막에 들렀다가 그곳 말구유에서 이상한 소리가 나는 것을 들었다. 달라는 대로 값을 다 주고 구유를 사서 그것으로 거문고를 만들었다. 이후 이보만은 용문산에 숨어 살면서 이 거문고를 뜯으며 삶을 마쳤다.**

중국 후한後漢 때에 채옹蔡邕이라는 사람이 있었다. 이웃 사람이 밥을 지으려고 오동나무로 불을 지피는 때에 그 나무가 타는 소리를 듣고 그것이 좋은 나무인 줄 알아채어 타다 남은 오동나무를 얻어다가 거문고를 만들었다. 이것이 초미금焦尾琴의 고사다.

사람이 아닌 동물이나 물건 등을 사람인 것처럼 표현해 그에 관한 온갖 지식을 모아 전기傳記로 표현한 것을 가전假傳이라 한다. 술을 표현한 가전인 〈국순전麴醇傳〉, 붓을 표현한 〈모영전毛穎傳〉, 고양이를 표현한 〈오원전烏圓傳〉, 담배를 표현한 〈담파고전菼圓傳〉 등 그 대상과 수효가 끝이 없다. 우리나라의 경우 고려 무신정권기에 성행했으나 조선시대까지도 끊임없이 이어졌던 장르이기도 하다. 이 글 첫

---

* 김일손, 〈서육현배書六絃背〉.
** 성해응成海應, 〈구공금명九孔琴銘〉.

머리에서 말했던 손승은의 〈동군전〉도 바로 이런 가전이다. 이 작품은 특별히 거문고를 의인화해서 동군이라 부르면서, 중국 역사상 등장하는 거문고 연주자나, 거문고 자체에 관한 일을 다양하게 엮어 놓아 자못 흥미롭다. 그 글에서도 채옹의 초미금 고사를 다음과 같이 재미있게 표현했다.

한나라 때 어떤 사람이 그를 가져다가 땔감으로 쓰려 했다. 채옹이 마침 그곳을 지나다가 비명을 듣고 급히 구하여 데려왔다. 채옹이 장난으로 "내가 아니었으면 자네는 재가 되어버렸을 게야" 하고는 그를 데리고 다녔다. 그의 옷깃에 불탄 흔적이 있으므로 초동씨焦桐氏로 불린다.

채옹이 장난으로 한 이야기가 무엇인가? 한마디로 "내가 자네 목숨을 구해준 생명의 은인일세" 하는 것이다. 채옹이 그 오동나무를 거문고로 만들어준 일은 오동나무로 의인화된 그 한 사람의 '생명'을 구해준 일이 될 만큼 중요한 것이다.

하마터면 재로 영원히 사라져버릴 뻔했던 나무를 찾아내어 소리 좋은 거문고를 만든 채옹의 이야기는 다른 장르에까지 이어져 널리 인용될 만큼 많은 사람의 관심을 끌었다. 이 이야기가 관심을 끄는 이유는 무엇인가. 존재에 대한 인정 때문이 아니겠는가.

김일손이나 이보만이 아니었다면 찌그러져가는 문짝, 더럽고 냄

새나는 여물통에 불과했을 나무들이었다. 채옹이 아니었다면 재로 사라져버렸을 오동나무였다. 그러나 안목 있는 사람의 눈에 띄어 훌륭한 소리를 내는 악기로 거듭날 수 있었다. 나무에게는 생명이 없고 말할 입이 없지만 혹 성정이 있는 생물체였다면 얼마나 그 사람들에게 감사했을 것인가? 재주를 갖고서도 기회를 얻지 못해 그것을 발휘하지 못한 채 늙어갔던 수많은 이들은 이 문짝이나 구유, 타다 남은 부지깽이의 처지를 매우 부러워했을 것이다.

악기 이야기가 나왔으니 하나 더 소개하고 싶은 기록이 있다. 성해옹이 〈쌍절금기雙節琴記〉라는 글에 남긴 이야기인데, 주요 내용은 자신의 아버지 성대중이 만든 거문고의 재료에 대해서다. 조선시대 초기 세종의 아들인 수양대군首陽大君이 자신의 어린 조카 단종端宗을 폐위시키고 스스로 세조世祖 임금이 될 때 목숨을 걸고 반대하며 죽어갔던 이들 가운데 대표적인 사람이 성삼문成三問과 박팽년朴彭年이다. 이 두 사람의 집은 모두 목멱산, 즉 지금의 남산 자락에 있었다. 이 두 집에는 그들이 각기 손수 심은 소나무가 잘 자라고 있었다. 세조의 왕위 찬탈이 일어난 후 몇몇 사람이 단종 복위를 계획하던 일이 드러나 여럿이 고문 끝에 죽었다. 이들을 사육신이라 한다. 사육신에 하나인 성삼문·박팽년도 역적으로 분류되어 집, 재산과 가족까지 모두 몰수될 때에도 이들의 두 소나무는 보존되었다. 당시 사람들이 충신의 손때가 묻은 소나무라 해서 보살펴주었기 때문이었다. 단종 및 단종 복위를 위해 죽은 사람들에 대한 복권은 그들의 사후 약 300년이나 지난 숙종 때에야 이루어졌다. 성삼문과 박팽년의 집에 있던 소나무는 그 오랜 시간을 꼿꼿이 견디면서 자신을 심은 주인이 겪은 억울함과 고통의 시간을 거쳐 회복까지의 모든 변화를 지켜보았다. 그리고 신원까지 모두 이루어진 어느 날 한 나무는 비바람에 꺾였고, 다른 한 나무는 시들어 죽었다. 이때 성대중이 두 나무 목재를 얻어서 이 둘을 합해 거문고를 만들고는 그 이름을 쌍절금雙節琴이라 했다. 한 쌍의 절개를 지닌 신하들을 상징하는 거문고라는 뜻이다. 그 의미심장함에 맞춰 악기 소리도 뛰어났다. 맑고도 굳세고 곧은 것이 성삼문·박팽년 두 사람의 모습을 담은 것 같았다고 한다.

나무가 무슨 뜻을 가졌을 것이며, 나무가 무엇을 느꼈을 것이며, 나무에게 무슨 의지가 있어서 두 사람을 닮았으랴. 하지만 신원까지 모두 이루어진 때에 고꾸라져 죽은 나무가 범상치 않게 느껴졌던 것이다. 성해응은 이 나무로 만든 거문고에서 두 충신의 모습을 보고, 두 충신의 정신이 담긴 소리를 들었다고 했다. 이쯤 되면 그 소나무, 그리고 그 소나무로 만든 거문고는 두 충신을 살아 있게 만들며, 의미 있게 해주는 지기라고도 할 수 있을 것 같다.

다시 지기의 문제를 계속 이야기해보자. 전에 국악과 학생들과 함께 한문으로 된 음악 관련 지문을 하나하나 강독하면서 자유롭게 감상문을 써보라 했다. 백아와 종자기의 이야기를 공부한 날 참 많은 감상문이 올라왔다. 한 학생은 이렇게 썼다.

연주하는 장소가 그 어디라도 연주하는 내가 즐겁다면 청중이 누구든, 얼마나 많든 상관없다고 생각했는데 백아와 종자기를 보니 꼭 그런 것만도 아니라는 생각이 들었다. 만약 내가 화창한 봄날에 뜻을 두고 연주하는데 들어주는 사람들은 무얼 연주하는지 전혀 모른다면 난 참 불행한 연주자가 될 것 같다.

예술은 예술가 자신만의 세계가 아님을, 자신만의 것에는 한계가 있음을 생각하게 해주는 말이었다. 또 다른 학생은 이렇게 썼다.

백아에게 연주를 자신보다 더 알아주는 친구 종자기가 있었다는 것은 백아에게는 당연히 더할 나위 없는 큰 행운이었겠지만, 어쩌면 직접 눈으로 보지 않아도 우뚝 솟은 산과 흘러가는 강물을 볼 수 있게 해주는 백아라는 친구를 가까이 둔 것도 종자기에게는 그에 못지않은 행운이 아닐까 생각한다. 나에게 종자기 같은 친구가 있었으면 하는 생각도 들고, 내가 어떤 사람에게 종자기 같은 친구가 되어주고 싶다는 생각도 든다.

공자는 "남이 나를 알아주지 않음을 걱정하지 말고 내가 남을 알지 못할까 걱정하라"*고 했다. 자신을 알아주는 지기를 만나는 것은 예나 지금이나 모든 사람의 간절한 바람이다. 그러나 이 학생의 지적처럼, 또 공자의 지적처럼 남이 자기를 알아주기를 바라는 만큼 내가 남을 제대로 알아보고 있는지 생각해볼 일이다.

---

*《논어》, 〈학이學而〉. "不患人之不己知, 患不知人也."

4. 애정

: 사랑하면 알게 되고

자기가 하는 일, 자기가 가진 어떤 것, 자기 곁의 어떤 사람 등에 더 특별한 애정을 가진 사람이 다른 사람보다 그 일을 더 잘하고, 그 어떤 것을 더 잘 알며, 그 누구를 더 아끼는 것은 당연한 일이다.

중국 춘추시대 진晉나라의 악사 사광師曠은 귀를 예민하게 유지하기 위해 스스로 눈을 찔러 장님이 되었다. 예민한 귀를 얻어 미묘한 음까지 잡기 위해서다. 결국 그는 음악 하는 사람이면 누구나가 다 그처럼 되기를 소망하는 사표가 되었다. 한 대상에 대한 깊은 애정을 외곬 사랑이라 한다. 사광이야말로 음악에 대한 외곬 사랑을 가진 자다. 이런 사람이 그렇지 않은 사람보다 뛰어나게 되는 것은 어쩌면 당연하고도 공평한 일이라 생각한다.

관심과 안목이 가치를 이끌어낸다

조선 정조 때 사람 유한준兪漢雋의 〈석농화원발石農畵苑跋〉에 이런 구절이 있다.

"알면 참으로 아끼게 되고, 아끼면 참으로 볼 수 있게 되나니, 보는 것이 쌓이면 한갓 쌓아두는 것과는 다르게 된다."*

이 구절을 유홍준 교수가 《나의 문화유산답사기》에 차용해서 "사랑하면 알게 되고 알면 보이나니 그때 보이는 것은 전과 같이 않으리라" 하고 쓰면서 이제는 세상에 널리 알려진 구절이다. 짧지만 볼수록 고개가 끄덕여지는 말이다. 알고 보는 것과 그냥 보는 것은 비교할 수 없는 차이를 만들어낸다.

단군신화의 배경이기도 한 묘향산의 대표적인 사찰은 보현사다. 그러나 본래는 안심사가 보현사보다 먼저였으며, 더구나 안심사 때문에 보현사가 세워졌다. 고려 현종 19년에 탐밀探密 선사가 안심사를 세운 후 14년 뒤에 그의 제자 굉곽宏廓 선사가 그 동쪽에 비로소 보현사를 세웠다. 역사가 깊은 탓에 안심사 부도밭에는 수많은 선사들의 부도가 큰 무리를 이루고 있다. 그런데 그 부도라는 것이 비슷비슷하게 생겼고 비석 역시 그래서, 많기는 많고 역사가 깊기는

---

* 유한준,《자저自著》〈석농화원발〉."知則爲眞愛, 愛則爲眞看, 看則畜之, 而非徒畜也."

깊다고 하되 모르는 사람에게는 다 똑같게만 보인다. 그런 사정은 조선시대나 지금이나 마찬가지여서 안심사 부도밭을 다녀온 사람들의 글은 다들 부도가 여러 개 있었다는 것에서 그친다. 그런데 조선 선조 시절 풍운아였던 백호白湖 임제林悌가 지은 〈안심사安心寺〉라는 시에는 이와 전혀 다른 반가움이 녹아 있다.

경치 제일이라는 안심사

찾아와 돌문 두드렸네.

땅은 넓어 기장 심기 알맞고

산은 고요해 바둑구경 할 만해라.

푸른 여울 맑은 울림 남아 있고

기이한 바위 끊어질듯 이었어라.

해진 비석 목은牧隱 노인의 필체라

풀 헤치고 한참이나 앉아보노라.*

폐허가 된 채 부도가 가득한 안심사터에 와서 오히려 마음의 위로를 받던 임제의 눈에 목은 이색李穡의 글이 눈에 띄었다. 그곳에

---

* 임제, 〈안심사〉. "第一安心寺 / 幽尋叩石扉. / 地平宜種稷 / 山靜可觀棋. / 碧瀨淸猶響 / 奇巖逈絶依. / 殘碑牧老筆 / 披草坐移時."

서 보는 이름난 충신의 글씨가 반가워 임제는 석양이 되도록 그 자리를 떠나지 못했던 것이다. 그런 기쁨은 아무나 누릴 수 있는 것이 아니다. 오직 알아볼 만한 능력이 있는 사람에게만 보일 뿐이다.

진정 앎과 사랑은 같이 가는 것 같다. 그런데 알아서 사랑하게 되고 사랑하면서 알게 된 후로는 그것을 독점하고 싶은 생각까지 드는 것 또한 사실이다.

다산 정약용은 그의 문집에 몇몇 사람의 삶을 기록해놓았는데 그중에 장천용張天慵이라는 사람이 있다. 정약용이 황해도 북동부에 있던 곡산의 사또로 부임했을 때 그의 퉁소 연주 솜씨가 뛰어나다는 말을 듣고 정중하게 곡을 청했다. 장천용은 청함에 응해와서는 퉁소가 아니라 멋진 수묵화를 하나 남기고 갔다. 그러나 이튿날 금강산에 들어가버려서 다산은 끝내 그의 퉁소 연주를 듣지 못했다.

정약용은 이어서 장천용과 관련한 한 가지 일을 더 소개했다. 다산이 그를 만나본 이듬해 봄, 중국 사신이 온다 해서 황해도 남동부 지역에 있던 평산平山 관아를 급히 보수하게 되었다. 예전 장천용에게 덕을 베풀었던 사람이 그 보수 책임을 맡게 되었다. 그의 호의로 장천용은 관아에서 단청하는 일을 하게 되었다.

같이 일을 하던 사람 중에 아버지의 복服을 입고 있는 이가 있었다. 우연히 그의 상장喪杖(지팡이)을 보니 세상에서 얻기 힘든 기이한 대나무였다. 그는 가끔 상제喪制가 상장을 흔들 때 기이한 소리가 나는 것도 들었다. 다른 사람들이야 그 대나무에 눈길이나 한 번 주었으랴만 장천용은 그 가치를 한눈에 알아봤다. 그리고 아무것도 생각하지 못했다. 오직 그것으로 악기를 만들면 그 소리가 어떨 것인가만 생각했다. 결국 장천용은 상장을 훔쳤다.

어느 분이 돌아가시면 그 상례가 진행되는 동안 상제는 베옷을 입고 손님을 맞으며 곡을 한다. 한참 동안 밥도 제대로 먹지 못하고, 충분히 잠을 자지도 못하며, 늘 손님을 맞아 앉았다 섰다를 반복해야 하는 그들의 어려움을 고려해서 옛 선인들이 갖추어놓은 것이 바로 상장이다. 상제는 베옷을 입고 상장을 짚은 채 허리를 숙이며 곡을 한다. 삼년상을 마치고 탈상하는 것을 대상大祥이라 하는데 이 대상을 마친 후에야 상장을 잘라 없앤다. 부친상일 때는 대나무로 상장을 만들고 모친상일 경우는 오동나무로 만드는 것이 일반적이다. 부친상이라 했으니 장천용이 훔친 상장은 대나무 상장이다.

장천용은 훔친 상장을 손에 들고는 그 길로 산봉우리에 뛰어 올라갔다. 구멍을 뚫어서 퉁소를 만든 후 태백산성 중봉 꼭대기에 올라 밤새도록 불다가 돌아왔다. 그 사람이 화를 내며 심하게 꾸짖자 장천용은 마침내 떠나버렸다.

음악에 대한 관심과 사랑이 안목을 주었고, 귀함을 알아보는 안목이 그것에 대한 불타는 소유욕을 이끌어내었다. 하필 상제의 지팡이를 훔쳐가는 그의 행실을 도덕적으로 문제 삼는 것은 당연하기도 하다. 내가 그 상제였으면 천하에 몹쓸 놈이라면서 매우 괘씸하게 여겼을 것이다. 그러나 지금 내 눈앞에 있는 내 일이 아니어서 그런지 몰라도, 장천용의 피리에 대한 사랑과 안목과 열정이 빚어낸 그런 행동을 조금은 이해할 수 있을 것 같다.

천하제일 〈난정서〉를 향한 소유욕

김용준의 수필 〈골동설骨董說〉에는 예술적 사랑에 얽힌 소유욕을 보여주는 두 가지 예가 나온다.

> 송의 미원장米元章은 채유蔡攸와 함께 배를 타고 놀다가 채유가 가진 왕우군王右軍의 글씨를 보고 황홀하여 자기가 가진 그림과 바꾸자 하였으나 채유는 듣지 아니하였다. 아무리 해도 안 될 줄 안 미원장은 글씨를 가슴에 품은 채 주지 못하겠으면 물에 빠져 죽겠노라 하고 별안간 물속으로 뛰어들려 하므로 채유는 하릴없이 허許하고 말았다.
> 유명한 왕희지의 〈난정서蘭亭叙〉는 그의 7대손인 지영智永선사가 가지게 되었다가, 지영이 그 제자 변재辯才에게 전하고, 후에 당태종은 갖은 계략을 다하여 태원어사太原御使 소익蕭翼을 시켜 변재에게서 〈난정서〉를 빼앗아 평생 진장珍藏하고 있다가 태종이 세상을 떠날 때 유언

에 의하여 소릉昭陵으로 묻어버리고 말았다.

서화뿐 아니라 골동을 사랑하는 사람도 대개 이러한 심리가 작용한다.

왕우군이란 왕희지를 말한다. 그가 우군장군이란 벼슬을 했기 때문에 사람들은 그를 왕우군이라 불렀다. 이 글은 결국 왕희지의 글씨에 얽힌 두 이야기를 써놓은 것이다.

앞쪽 이야기는 글씨 하나와 목숨을 바꾸려 한 미원장의 일화다. 미원장은 중국 북송北宋 때 이름난 서예가다. 송의 4대 서예가로 꼽히며, 왕희지의 서풍을 이었다는 평가를 받는다. 그가 평소 본받고 싶어 하던 왕희지의 진짜 서체를 보고는 너무 갖고 싶어 달라고 했으나 상대가 선뜻 허락하지 않았다. 그래서 잠깐 보고만 주겠다고 하며 글씨를 받은 뒤로는 그것을 품에 안고 '주지 않으면 죽어버릴 것'이라고 했다. 사람을 죽게 할 수는 없어서 채유가 할 수 없이 허락했다. 별다른 설명이 없어도 그 모습이 눈에 보이는 듯하다.

왕희지의 〈난정서〉에 얽힌 뒤쪽 이야기를 좀더 보자. 서성書聖이라 불리며 중국은 물론 우리나라 서예가들에게 불변의 교과서 역할을 한 사람이 바로 왕희지다. 그가 어느 날 우군장군 회계내사로 승진했다. 이를 축하하기 위해 지금의 절강성 산음지방에 있던 정자인 난정에서 곡수연曲水宴을 열었다.

곡수연은 물이 굽어 흐르게 만든 곳에서 술잔을 띄운 후 잔이

자기 앞에 오는 동안 시를 짓는 방식으로 술을 마시던 연회를 말한다. 경주에 있는 포석정은 신라인의 곡수연 자리다. 또 창덕궁 후원에도 옥류천을 이용한 곡수연 흔적이 선명하게 남아 있다.

다시 난정의 곡수연 이야기로 돌아와보자. 이때가 353년이다. 여기에 모인 사람 40여 명이 지은 시를 모아 엮은 시집에 왕희지가 행서체로 서문을 적어 넣었다. 이것이 바로 그 유명한 왕희지의 〈난정서〉다. 그가 죽은 후 왕씨 가문에서 이것을 보관해오다 이후 7대손 지영선사가 후손 없이 죽게 되자 제자인 변재선사에게 남몰래 넘겨주었다.

한편 당태종은 황제인 동시에 당나라의 손꼽히는 명필이었다. 그는 왕희지의 글씨를 흠모해 세상에 있는 그의 유작 3,300여 점을 모두 모았다. 그러나 대표작 〈난정서〉를 구하지 못해 애태웠다. 온갖 추적과 조사 끝에 변재선사가 그것을 소장하고 있을 것이라는 결론을 내린 태종이 그를 불러 물었으나 변재선사는 모른다는 말만 했다. 심증만 있고 물증이 없었던 태종은 어사 소익을 시켜 변재선사의 절에 머물게 한다. 소익은 불공을 드리며 다니는 나그네라 속여 이 절에 머물면서 때때로 선사와 예술에 대해 이야기를 나누었다. 그러는 동안 선사는 그를 믿고 마음을 터놓는 사이가 되었다. 이쯤 되자 소익은 태종에게서 얻어간 글씨 몇 점을 내놓으며 자랑을 했고 변재선사는 자신이 가진 왕희지 〈난정서〉의 원본을 구경시켜주었다. 후에 소익은 선사가 외출한 사이에 〈난정서〉를 훔쳐 태종에게 바쳤다. 나중에야 그 사실을 안 선사는 식음을 전폐하고 안타까워하다가 열흘 만에 입적했다고 한다.

왕희지를 비롯해 수많은 명필들의 글씨를 갖고 있었던 태종이 〈난정서〉 하나를 더 갖겠다고 그런 술수까지 쓴 것도 그렇고, 글씨 하나 잃었다고 안타까워하다가 죽음에까지 이른 선사도 참 심하다 싶다. 그러나 어떤 대상에 대한 그들의 사랑과 열정만큼은 인정할 수밖에 없다.

〈난정서〉를 얻은 태종은 기뻐하며 늘 그것을 감상하다가, 죽을 때 관에 함께 넣으라는 유언을 남겼다. 때문에 왕희지 친필의 〈난정서〉는 세상에서 사라지고 말았다. 한 대상에 대한 그들의 사랑은 인정한다. 그러나 그 사랑이 무조건적인 집착으로 흘러간 것은 한없이 안타깝다.

왕희지의 글씨는 이렇듯 사랑을 받고, 수많은 서예가들의 임서臨書 대상이 된 까닭에 다른 일화도 많이 남겼다. 우리나라의 유명한 서예가 가운데 한 사람인 최흥효가 과거시험장에 가서 답안지를 쓰다가 우연히 왕희지의 글씨와 비슷한 한 글자를 썼다고 차마 이것을 제출하지 못했다는 이야기 역시 당태종 이야기와 함께 볼 때 이해가 된다. 이 이야기는 이 책의 앞부분에서 다루었다.

오성鰲城과 한음漢陰 이야기로 유명한 한음 이덕형李德馨은 그의 책 《죽창한화竹窓閑話》에서 이렇게 말했다.

송도 사람 한호韓濩의 아들이나 아우 중에 한호의 필적을 간직한 자
가 있으면, 모두 한두 벼슬아치에게 빼앗겼다. 그래서 글자 하나, 종잇
조각 하나도 보존하지 못하였다. 그 아들이 사람을 대할 때마다 슬퍼
하고 분하게 여기니, 어찌 탄식할 일이 아니랴.*

한호는 어둠 속에서 떡을 자르는 어머니와 함께 글씨 쓰기 시합
을 한 것으로 유명한 조선 중기 서예가 한석봉韓石峯이다. 당태종은
〈난정서〉를 얻은 후로 틈만 나면 꺼내 들여다보며 죽을 때까지 아
꼈다는데, 한석봉의 글씨를 가져간 이들은 진정 그 가치를 알고 아
껴서 그랬는지 단순한 욕심에서 그랬는지 모르겠다. 후자라면 이덕
형의 표현대로 어찌 탄식할 일이 아니겠는가.
글씨가 아니라 좋은 악기를 얻기 위해 물불을 가리지 않는 사람
의 이야기도 있다. 조선 말기의 문인 홍원섭洪遠燮은 그의 글에 윤신
동尹信東이라는 사람의 이야기를 적어놓았다. 윤신동은 주천 땅 사
람이 나물 캐러 갔다가 우연히 석실에서 옥피리를 손에 넣었다는

---

*이덕형, 《죽창한화》. "松都人韓濩之子若弟, 得藏其筆蹟者, 皆爲一二府官所奪取, 隻字片紙無
復保存. 其子每對人悲憤, 可勝嘆哉."

소식을 들었다. 평소 기이한 것, 특별한 것에 대해 들으면 무슨 수를 써서라도 구하는 성품을 지녔던 탓에, 그는 온 땅을 수소문해서 결국 이 옥피리를 손에 넣어 무려 20년간이나 아끼며 사랑했다고 한다.* 대상에 대한 지극한 사랑이 없으면 어찌 이런 일이 가능했으랴.

지극한 사랑이 빚어낸 벽癖

사람이기 때문에 잠시 실수를 하는 경우도 있기는 하다. 아끼던 것을 순간적인 충동이나 실수로 잃게 된 사람들의 일화가 나오는 것이 그런 이유다. 고려 후기 문신 이제현李齊賢의 글에서 이런 내용을 보았다. 봉익대부奉翊大夫 홍순洪順의 이야기다. 그는 충정공忠正公 홍자번洪子藩의 아들로, 생몰년대가 정확하지는 않으나 《고려사高麗史》 기록에 의하면 고려시대 충렬왕 때 활동했던 문신이다.

홍순은 항상 상서尙書 이순李淳과 내기바둑을 두었다. 이순이 골동품과 글씨, 그림 등을 걸었다가 다 빼앗겼다. 바둑을 비롯한 모든 잡기는 한번 빠지면 걷잡을 수 없는 마약 같은 것이다. 지금도 그런데 고려시대도 마찬가지였던 모양이다. 끝내 자신을 다잡지 못한 이

---

* 홍원섭,〈후생옥약명병서朽生玉籥銘幷序〉.

순은 마지막으로 가보인 거문고를 걸었는데 그마저 홍순에게 빼앗겼다. 아차 싶었으나 이미 때는 늦어버렸다. 그래도 이순은 매우 낙천적이면서도 우스갯소리를 잘하는 여유 있는 인물이었다. 이순은 홍순에게 거문고를 주면서, "이 거문고는 우리 집의 가보일세. 200년 가까이 전해진 것이지. 물건은 오래되면 귀신이 붙는 법이니 잘 보관하게"라고 했다. 홍순이 특별히 겁이 많고 꺼리는 것이 많기 때문에 장난을 쳤던 것이다. 홍순은 설마 하며 받아왔다.

어느 몹시 추운 밤에 거문고 줄이 얼어 끊기면서 뚜웅 하고 울렸다. 그런데 하필 그게 조용한 밤인지라 소리가 훨씬 크게 들렸다. 날씨가 춥거나 더우면, 또 보관하는 장소의 습도 등이 변하면 악기의 줄은 늘어지거나 팽팽해져서 음이 변한다. 그래서 연주자들이 연주할 때마다 음을 맞추는 것이다.

이때 거문고 상자에서 나는 소리를 들은 홍순은 문득 거문고에 귀신이 있다는 이순의 말이 생각나 덜컥 겁이 났다. 거문고에 귀신이 있다더니 진짜인가 싶어서 급히 등불을 가져오게 해서 복숭아나무 가지와 갈대 잎으로 거문고를 마구 쳤다. 본래 복숭아나무 가지와 갈대 잎은 부정풀이를 하는 데 사용한다. 때문에 귀신을 쫓기 위해서 이것들로 거문고를 때린 것이다. 당연히 치면 칠수록 거문고에서는 더욱 큰 소리가 났다. 이것을 귀신의 소리라고 여긴 홍순이 부들부들 떨면서 종들을 불러 함께 지키게 했다. 그리고 뜬눈으로 밤을 샜다. 동이 터오자 종 연수를 시켜 거문고를 이순에게 가져다 주게 했다.

이순은 아침 일찍 찾아온 것을 이상히 여기다가 거문고에 매 자국이 어지럽게 나 있는 것을 보고는 거짓으로 "내가 이 거문고 때문에 오랫동안 걱정하여 여러 번 깨뜨리거나 버리려 했지만 귀신의 화를 입을까 두려웠네. 이제야 다행히 공에게 맡기게 되었는데 어찌 도로 가져오는가?" 하며 받지 않으려 했다. 홍순은 어쩔 줄 몰라 하면서 전에 내기로 얻은 서화와 골동품까지 내주며 제발 가져가 달라고 빌었다. 이순은 할 수 없이 받는 것처럼 하고는 뒤돌아서 쾌재를 불렀는데, 홍순은 실정을 깨닫지 못하고 거문고를 돌려보낸 것만 다행이라 여겼다. 홍순의 어리숙함에 웃음 짓게 되기도 하지만, 본래 겁이 많고 유난히 꺼리는 것이 많았다니 한편 그럴 수도 있겠다 싶다.

기록에 나타나지는 않지만 그 거문고는 여러 어른의 손을 거쳐 고이 보관되었을 것이다. 이순은 200년 넘게 대대로 내려오는 그런 가보를 잃은 후 크게 후회를 하지 않았을까 싶다. 다른 골동품과 글씨, 그림 등을 먼저 걸어 다 잃고 난 다음에야 거문고를 걸었다는 사실에서 그 거문고가 얼마나 중요했던가를 알 수 있다. 그러나 예나 지금이나 내기나 노름의 유혹은 강력한 것이다. 거문고에 대한 애착보다 더 큰 유혹이었던 것이다. 유쾌한 분위기로 글이 표현되었고 결과 역시 그렇기에 재미있게 읽고 넘어가지만, 이순이 후회하며 며칠 동안 잠 못 이루었을 것은 짐작할 만하다.

이양배라는 사람이 거문고 하나를 얻어서 아끼다가 사기꾼의 꾐에 넘어가 그것을 잃어버리게 되었다. 차마 그 거문고를 잊지 못한 이양배는 사기꾼의 뒤를 몰래 밟아 그의 행방과 행적의 단서를 확보해 관아에 소송을 내었다. 그는 우여곡절 끝에 한참만에야 다시 그 거문고를 찾을 수 있었다. 거문고를 되찾기 위해 모든 일을 다 팽개치고 한 사람의 행방을 찾고 단서를 일일이 조사해 증거를 확보한 후에 소송을 걸기까지 했다니 그의 치밀함에 감탄하게 된다. 동시에 거문고를 향한 그의 애착을 잘 느낄 수 있다. 《화음방언자의해華音方言字義解》와 《자모변字母辨》 등 국어연구에 귀중한 자료를 저술한 영·정조시대의 언어학자 황윤석黃胤錫의 〈반인금명泮人琴銘〉에 나오는 내용이다. 황윤석은 이 이야기를 소개하면서 이렇게 말했다.

거문고 때문에 송사가 일어났다니, 이 또한 운치 있는 일이 아닌가.

정말 그렇다. 앞서 말한 모든 이야기는 한 대상을 아끼는 지극한 사랑에서 나온 것이다. 대상의 가치를 알아볼 수 있는 사람만이 그런 지극한 사랑을 가질 수 있다. 명말의 대표적 소품문가였던 장대張岱는 〈오이인전서五異人傳序〉에서 이렇게 말했다.

벽이 없는 사람과는 함께 교유할 수 없으니, 그에게 깊은 정이 없는 까닭이다. 흠이 없는 사람과는 사귈 수 없으니, 그에게 참된 기운이 없기 때문이다.*

무엇을 너무 지나치게 즐겨서 고치기 어려울 만큼 굳어진 버릇을 두고 벽癖이라 한다. 도박벽이나 주벽 등은 좋다고 하기가 어려울 수 있으나 하나에 대한 지극한 사랑과 열정만이 빚어낼 수 있는 것이 또한 벽이다. 벽이 있는 사람은 그만큼 열정적인 사람이라 할 수 있다. 하나를 열정적으로 사랑할 수 있는 사람은 다른 것도 또 그만큼 사랑할 수 있는 뜨거운 가슴을 지닌 것이다. 그 뜨거운 가슴이 큰 차이를 만들어낼 것이다.

* 장대, 〈오이인전서〉. "人無癖, 不可與交, 以其無深情也. 人無疵, 不可與交, 以其無眞氣也."

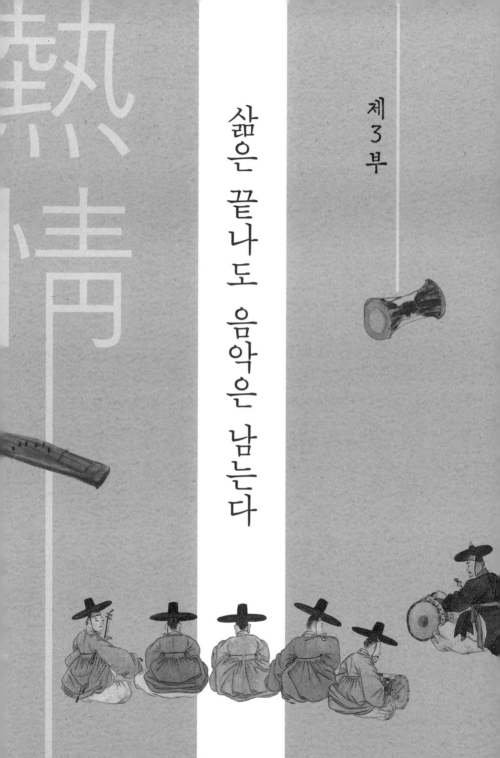

熱情

제3부

삶은 끝나도 음악은 남는다

1. 사랑

: 내 마음을 받아주오

만국 공통의 가장 아름다운 감정인 사랑! 그 사랑 이야기에 결코 빠지지 않는 것이 음악이다. 그렇다면 음악은 우리네 인생에서 빠질 수 없는 것이라 하겠다. 이 장에서는 사랑과 음악 이야기를 함께 나누고 싶다.

음악이 사랑을 낳고, 사랑이 황진이를 낳았다

남자는 보이는 것에 약하고 여자는 들리는 것에 약하다고 한다. 드라마나 영화 등에서 똑같은 장면이 연출되더라도 배경음악을 넣었을 때와 그렇지 않았을 때의 여성의 반응은 천지 차이다. 흘리는 눈물의 양이 비교할 수 없다고 한다. 여자의 마음을 사로잡을 때는 배경음악을 이용하면 효과를 극대화시킬 수 있다. 그래서인지 어느 여인이 상대의 노래나 연주를 듣고서 한눈에 반했다는 이야기는 옛글에도 심심찮게 보인다.

박연폭포와 서경덕徐敬德과 황진이黃眞伊, 이 셋을 두고 '송도삼절松都三絶'이라 자신 있게 외쳤던 조선의 명기 황진이를 모르는 사람은 없을 것이다. 황진이의 출생을 두고는 이런 이야기가 전한다. 황진이의 어미인 현금玄琴도 황진이만큼 자색이 아름다웠다. 현금의 나이 18세 때 병부교兵部橋 밑에서 빨래를 했다. 옛날부터 빨래터는 동네 아낙들이 모여 방망이로 빨래를 두드리며 쌓인 스트레스를 풀고 마음껏 수다를 떨면서 집에서 잠시 벗어난 자유를 누리던 곳이다. 그러는 중에 자연스레 여러 소식을 주고받는 장이 되기도 했다. 빨래는 여자가 하는 것이 보통이라 빨래터는 여자들만의 공간이기도 했다. 조선시대 민화에 아낙네들이 웃통을 거의 드러낸 채 머리를 감거나 씻고 있을 때 어느 남정네가 나무 뒤에서 몰래 그 모습을 엿보는 그림은 바로 이런 빨래터를 형상화한 것이다.

어떤 사내가 다리 위에서 빨래터를 내려다보고 있었다. 모습이 단아하고 의관도 화려하며 아름다웠다. 이곳 빨래터는 특이하게도 사람들이 많이 다니는 다리 밑에 있었던 탓에 어느 남정네가 여인들의 모습을 보게 되었다. 그 사내는 유독 현금을 눈여겨보면서 웃기도 하고 손가락으로 가리키기도 했다. 사람은 누구나 자신을 향하는 눈빛을 느낄 수 있다. 그 남자가 현금을 보고 미소도 짓고 손짓까지 했으니 그의 마음이 어떤지는 현금도 일찌감치 알아차렸다. 마음은 마음끼리 통하는 법이라 자신에게 호감을 갖는 사람에게는 끌리게 마련이다. 게다가 그의 모습이 단아하고 의관도 아름다웠다고 했으니 빨래를 계속하면서도 현금의 마음은 다리 위의 선비에게 가 있었을 것이다. 어느 순간 사내의 모습은 보이지 않았다. 현금은 아쉬운 마음에 옆의 아낙들 눈치를 보며 일부러 빨래를 천천히 했다. 그러고는 기다려주겠다는 아낙들을 한사코 거절해서 다 돌려보냈다. 해가 이미 기울어 빨래하던 여자들이 모두 흩어졌다. 어느새 그 남자는 다시 와 있었다.

이제 둘만 남았으나 당장 두 사람이 서로에게 가까이 가기는 아직 어색했다. 이때 둘의 마음을 결정적으로 이어준 것은 의관을 차려입은 단아한 모습의 사내가 부른 한 곡조 노래였다. 그 사람이 갑자기 다리 기둥에 기대어 노래를 하기 시작했다. 사랑을 고백하는 노래, 또는 남자가 여자를 은근히 유혹하는 노래를 하지 않았을까 싶지만 무슨 노래인지는 적혀 있지 않다. 본래 황진이의 어미가 무엇을 하는 사람인지에 대해서도 전혀 설명이 없으나 이름이 '현금', 즉 거문고인 것으로 보아 음악을 아는 은퇴한 기생이었을 것으로 보인다. 그러니 그녀는 노래에 쉽게 반응했을 것이다.

노래를 마치자 선비는 현금에게 물을 달라 했다. 현금이 표주박에 물을 가득 떠서 주자 그 사람이 반쯤 마시고는 웃으며 돌려주면서 "너도 한 번 마셔보아라" 했다. 마셔보니 술이었다. 현금은 놀라고이상히 여겼다. 이로 인해 함께 이야기하며 즐거워하다가 마침내 황진이를 낳았다. 현금이 떠준 물을 선비가 마시고 현금에게도 맛보게하자 그것이 이미 술로 변했더라는 것은, 그 사내의 비범함이나 신비함을 강조하기 위한 설정이다. 그 신비함은 황진이라는 조선 최고 명기의 탄생으로 이어지면서 더욱 그럴듯해진다. 이덕형이 《송도기이松都記異》에서 이 이야기를 쓰고 맨 마지막에 "진이는 용모와 재주가 당시 제일이고 노래도 절창이었다. 사람들은 그녀를 선녀라고 불렀다"*라는 말을 덧붙였다. 사람들이 선녀라고 부를 만한 인물은 그저 나온 것이 아님을 보여주기 위해 이 이야기를 썼다는 사실을 알게 하는 것이다. 음악이 사랑을 낳고 그 사랑이 황진이를 낳았다.

---

* 이덕형, 《송도기이》. "色貌才藝妙絶一時, 歌亦絶唱. 人號爲仙女."

거문고로 맺은 인연

음악 때문에 모든 것을 내던지고 한 남자만을 따른 인물로는 탁문군卓文君이 대표적이다. 탁왕손卓王孫의 딸 탁문군은 일찍 과부가 되어 아버지 밑에 있었다. 그녀는 음악을 좋아했다 한다. 한편 중국 전한시대 문인 사마상여司馬相如는 한때 고향에서 가난하게 지내다가, 임공 땅 큰 부자인 탁왕손의 딸이 과부가 된 것을 알게 된 후 그의 마음을 사로잡을 계획을 세웠다. 그는 거문고를 잘 타기로 세상에 이름난 사람이었으므로, 그 거문고를 이용하기로 했다.

이때 탁왕손이 주관한 잔치에 사마상여가 초대되었다. 임공 땅 수령과 짜고, 그가 사마상여의 실력을 칭찬해서 한번 연주해주기를 청하게 만들었다. 사마상여가 사양하다가 한두 곡조 연주했다. 사마상여가 탁씨 집에서 술을 마시고 거문고를 탈 때에 탁문군은 문틈으로 몰래 그를 엿보았다. 탁문군이 자신을 바라보고 있는 것을 알아차린 사마상여는 유혹하는 곡조를 뜯었다. 계획대로 탁문군은 첫눈에 사마상여에게 반하게 되었다. 그러나 과부가 된 자신의 처지 등을 생각하며 저 탁월해 보이는 인물의 짝이 될 수 없을까봐 걱정했다. 술자리가 끝난 후 사마상여는 사람을 보내 탁문군을 모시는 종에게 선물을 두둑하게 주어 은근히 함께하자는 뜻을 전달했다. 탁문군은 밤에 몰래 도망쳐서 사마상여에게 갔다. 그래서 그

둘은 함께 사마상여의 집이 있는 성도로 달려 돌아왔다. 오직 사마상여의 거문고 소리에 반해버린 탁문군이 야반도주를 해서 갔더니 사마상여의 집이 얼마나 허름하고 가난한지 사면에 벽만 간신히 서 있을 뿐 방 안에 아무것도 없었다 한다.

물론 후에 사마상여는 그의 문학적 소양과 정치적인 능력을 발휘해 나라의 중요한 인물이 되었다. 그러나 그것은 나중의 일이다. 탁문군이 처음 사마상여의 집을 보고 어떤 마음이 들었을까? 사랑에 눈멀었으니 그 혹독한 가난도 보이지 않고 행복하기만 했을까?

연애는 달콤한 꿈이지만 결혼은 현실이라고들 한다. 그래서 그 사람이 아니면 죽을 것같이 연애한 끝에 결혼해놓고도 얼마 지나지 않아 서로 잡아먹지 못해 안달이 난 사람들처럼 티격태격하는 부부가 많다. 사마상여와 탁문군의 상황이야말로 그렇게 되기에 알맞았으나, 이어지는 이야기로 보아 둘은 그렇지 않았다.

탁왕손이 괘씸하게 여겨 도와주지 않은 탓에 둘은 부유하게 살 수 없었다. 탁문군이 야반도주할 때 챙겨 가지고 온 몇 개의 보석을 팔아 주막집을 차려 함께 열심히 일했다. 나쁘게 보자면 사마상여는 결혼을 전략적으로 이용한 것인데도 그 부작용은 드러나지 않고 둘은 잘 지냈던 것 같다. 손님이 없을 때면 사마상여는 아내를 위해 거문고를 연주하고 탁문군은 그 연주를 들으며 행복해했을지도 모르겠다. 또한 그렇게 사는 모습을 보고 탁왕손도 마음이 풀려 그들을 사위와 딸로 다시금 맞아들였을 것이다.

사마상여와 탁문군이 거문고 연주로 맺어지는 이 이야기는 두고 두고 수많은 사람의 입에 오르내렸다. 우리나라 고소설에도 남자가 한 여자에게 자신의 마음을 표현할 때 사마상여가 탁문군을 위해 연주했던 거문고 곡조를 연주하는 장면이 자주 나온다. 물론 주인 공 여자는 그 곡조를 알아듣고 자신은 그런 음녀淫女가 아니라며 펄 펄 뛰지만 나중에는 남자의 뛰어남을 알아보고 그를 깊이 사랑하게 된다.

음악 소리에 감동하는 것은 여인만의 전유물이 아니다. 이번에는 남자가 끌린 경우다. 양사언楊士彦의 〈미인곡美人曲〉에서는 악기를 연 주하는 상대를 향한 어느 연모자의 강렬한 눈빛을 읽을 수 있다.

화려한 고당에 단정히 앉으니
옥 같은 모습 세상에 다시없으리.
용문의 거문고를 손수 뜯으며
홀로 〈양춘곡陽春曲〉, 〈백설곡白雪曲〉을 연주하누나.

곡조 높아 천고에 알아들을 이 적고
빼어난 자태 세상서 다시 얻기 어렵네.
나를 위해 〈봉황곡鳳凰曲〉 연주하니

온갖 새들 지저귐을 멈추고

다시금 〈용호음龍虎吟〉을 뜯으니

거센 바람 파도 일고 구름 뭉게뭉게.*

시인의 눈앞에 한 여인이 앉아 있다. 아름답다. 그녀가 연주하는
곡조는 〈양춘곡〉과 〈백설곡〉이다. 이것은 초나라에 전하던 가곡으
로, 그 뜻이 매우 고상해서 알아듣기가 어려운 곡이다. 5구에서는
그 곡조의 뜻이 높아 "알아들을 이 적다"고 했고 이것에 대구를 맞
춰 6구에서는 그 미인의 모습이 아름다워 "그 같은 사람을 다시 얻
을 수 없다"고 했다. 같은 사람을 다시 얻을 수 없다는 말은 '견줄
사람이 없다'는 뜻이니, '곡조'와 '미인'을 같은 자리에 두고 알아들
을 이와 견줄 사람이 없는 상황을 강조한 것이다.

한 걸음 더 나아가 시인은 그 곡조에 대해서가 아니라 그 여인에
대해서, 그 여인이 연주하는 모습에 대해서 말하고 싶어 한다. 그녀
가 연주하는 모습을 보노라니 내가 어디에 있는지 주위에서 어떤
소리가 들리는지도 모를 정도다. 진공 상태에서 그녀와 나만 있을
뿐 온 세상이 멈춘 것 같다. 새들도 지저귐을 멈추었다고 했으나 이

---

* 양사언, 〈미인곡〉. "美人端坐光碧之高堂 玉容絶世而獨立. / 美人手揮龍門之高桐 獨奏陽春
白雪曲. / 調高千載少知音 秀色曠世難再得. / 爲我彈鳳凰 百鳥呑聲廢啾喞/再鼓龍虎吟 震
風捲海雲湧碧."

것은 '나를 위해' 연주하는 그녀에게 빠져 아무것도 보이지 않고 들리지도 않는 내 상태를 말한 것이다. 분위기는 무르익었다. 이제 그녀의 연주에 따라 내 세상이 바뀌었다. 고요하게 멈추었던 세상은 〈용호음〉 가락에 맞춰 거세게 움직이고 내 마음속 바람과 파도도 함께 요동친다.

이 시는 길게 이어진다. 다 인용하지는 않았으나, 각 곡조에 따라 일어나는 신비로운 변화들과 그 속에서 미인에게 완전히 혼을 빼앗겨버리는 화자의 모습이 계속 이어진다. 여인을 보며 시인은 "날마다 서로 따르며 헤어짐 없으리"*라며 사랑을 다짐한다. 거문고 곡조와 어우러져 사랑의 감정은 더욱 깊어만 갔던 것이다.

낭만적이고 아름다우며 때로 비현실적이기조차 한 사랑 이야기는 많이 있다. 그 가운데 음악과 얽힌 남녀의 사랑 이야기에서 빠질 수 없는 이들이 있다. 중국 진목공秦穆公 때 사람인 농옥弄玉과 소사蕭史가 그들이다. 농옥은 진목공의 딸로, 어릴 때부터 무척 아름다웠다. 또 음악을 매우 좋아해서, 퉁소 연주에서는 고수로 통했다. 일정 수준 이상의 실력을 갖추다보니 함께 화음을 맞출 만한 연주가도 만날 수 없었다. 또 너무나 퉁소를 좋아한 탓에 퉁소를 모르는 사람과는 혼인하지 않으려 했다.

---

* 양사언, 〈미인곡〉. "日日相隨無遠別."

그러던 어느 날 잠깐 조는 사이, 꿈에 어떤 용모 준수한 소년이 봉황을 타고 퉁소를 불며 너울너울 날아왔다. 소년이 농옥에게 자기소개를 했다.

"나는 소사라고 합니다. 화산華山에 살지요. 퉁소를 부는 것을 매우 좋아하는 까닭에 당신의 연주를 듣고도 싶고 당신과 화음을 맞추며 친구가 되고도 싶어 왔습니다."

말을 마치자 그가 퉁소를 꺼내 불기 시작했다. 그 곡조가 부드럽고 아름다워 농옥은 자신도 모르게 얼른 자신의 퉁소를 들어 화음을 맞추었다. 곡조가 변하는 굽이굽이마다 수십 년 호흡을 맞춘 듯 절묘하고 자연스러웠다. 태어나 처음 맛보는 환상적인 연주였다. 한 곡 또 한 곡 연주할 때마다 서로를 향해 마음을 열게 되었다. 너무 기뻐 말을 걸어보려던 순간 정신을 차리고 보니 꿈이었다. 이는 진정 감미로운 꿈이었다.

꿈에서 깬 후로도 농옥은 꿈속에서의 장면이 떠오르는 것을 억제하지 못했고, 또 꿈에 본 그 준수한 소년을 잊을 수 없었다. 꿈에 나타나 퉁소를 불었던 소년 때문에 농옥은 상사병에 들었다. 그와의 멋진 합주가 잊히지 않았다. 나중에서야 이유를 안 진목공이 사람을 화산에 보내어 꿈속에 보았던 사람이 있는지 찾아보게 했다. 화산을 샅샅이 뒤지다가 그곳에서 과연 소사라는 소년을 찾았다. 그는 정말 퉁소를 불고 있었다. 농옥은 소사를 보자 매우 기뻐했다.

꿈속에서 보았던 바로 그 소년이었던 것이다.

둘은 결혼을 했다. 항상 함께 퉁소를 불며 전국 방방곡곡을 누볐다. 진나라의 소년 소녀 모두 그들의 연주에 따라 노래를 부르며 춤을 추다보니 엄숙하던 진나라의 사회 분위기가 활발하게 변하기까지 했다고 한다. 농옥과 소사야말로 음악 때문에 맺어져 음악과 함께 서로를 사랑한 낭만적이면서도 환상적인 커플이다. 그리고 그렇게 살다가 나란히 신선이 되어 학을 타고 날아갔다는 전설의 주인공이 되었다.

목숨마저 잃게 만든 상사병

음악 때문에 상대에게 반한 사람이 중국에만 있을 리 없다. 우리나라에도 그런 예는 많다. 또 사람의 마음이란 그 누가 마음대로 조절할 수 없는 것이라 상대에게 반했다 해도 그 사랑이 꼭 이루어지는 것은 아니다. 첫눈에 반한 사랑을 이루지 못해서 안타깝게 끝나버린 예들이 나타나는 것이 그런 이유다.

조선시대 영의정에 올랐던 심수경은 어렸을 때부터 풍채와 거동이 아름다웠을 뿐 아니라 특히 음악에 재능이 있었다. 그가 청원군 淸原君의 집 바깥채에 한참 동안 거처한 적이 있었다. 이유를 정확히 알 수 없으나 남의 집에 와서 맞는 달 밝은 가을밤은 왠지 그의 마음을 싱숭생숭하게 만들었다. 그래서 연못가에 나와 앉아 거문고를 탔다. 그러다 문득 고개를 드니 나이가 어리면서도 자태가 고운 어떤 궁녀가 안에서 나와 절하며 말했다.

"저는 홀로 빈 궁을 지키면서 나리의 맑은 거동을 바라보고는 속으로 늘 사모하였습니다. 오늘 들으니, 아름다운 거문고 가락에 더욱 운치가 있어서 감히 나와 절을 올리오니 한 곡조만 더 들려주십시오."

조선시대 궁녀는 외로움의 대명사였다. 왕의 궁궐이든 왕족의 사궁私宮이든 궁녀는 그 궁의 주인인 한 남자의 소유였다. 주인은 한 사람인데 궁녀는 많았기에 수많은 여인들이 평생 외로움에 지쳐 늙어갔다.

어느 달 밝은 밤, 청원군의 저택에 아름답고도 맑으며 쓸쓸하면서도 구슬픈 곡조가 울렸다. 거기 살던 어느 궁녀의 가슴은 심하게 흔들리고 있었다. 자신의 처지를 생각하며 더욱 눈물겹게 그 연주를 들었을 터이다. 저도 모르게 소리가 나는 곳을 찾았다가 풍채와 거동이 아름다운 한 선비를 보았다. 얼마 전부터 이 집에 머물고 있던 사람이었다. 곱게 절을 하고 한 곡조 더 연주해달라고 청했다. 두 사람은 음악에 취하듯 사랑에 빠졌다.

궁녀는 궁의 주인 외에 다른 남자를 마음대로 만날 수 없었다.

하물며 사랑이랴. 심수경도 그런 상황을 너무나 잘 알고 있었다. 개인적인 궁한 이유로 잠시 청원군의 집에 머물고 있는 처지에 궁녀를 사사로이 만나거나 그와 어떤 감정을 나눌 수는 없었다. 그래서 심수경은 그 궁녀를 옆에 앉게 한 후 그녀의 간절한 소망을 들어주어 몇 곡조 연주한 뒤 이내 거문고를 안고 들어가버렸다. 그 이후에 홀연히 그 집에서 자취를 감추고 말았다. 상황과 규칙과 윤리를 머리로는 알지만 생각대로 되지 않는 것이 사랑하는 마음이다. 그 궁녀는 이룰 수 없는 사랑에 빠져 속을 끓이다가 결국 상사병으로 죽었다고 한다.

목숨과 바꿀 만큼 궁녀의 마음을 뒤흔들었던 심수경의 거문고 연주! 음악은 사람의 마음을 움직이는 힘이 있다. 사람의 감정을 고조시키는 묘한 능력이 있다.

예술가 가운데 유독 사랑에 관한 낭만적이고도 강렬한 일화를 남긴 이가 많다. 〈봄봄〉, 〈소나기〉, 〈금 따는 콩밭〉 등 많은 이의 기억에 남는 소설을 쓴 김유정은 1928년 봄, 우연히 인사동에서 팔도 명창대회를 관람하게 되었다. 그때 그는 갓 스물을 넘긴 연희전문학교 신입생이었다. 그곳에서 명창대회에 참가한 박녹주를 보고 사랑에 빠졌다. 그의 사랑은 화산같이 강렬하게 타올라 이후로 끊임없이 박녹주에게 연애편지를 쏟아부었다. 박녹주는 이렇게 썼다.

24세가 되던 1928년 봄, 인사동에 있던 조선극장에서 팔도 명창대회가 열렸다. ……나를 찾은 사람은 나중에 〈봄봄〉, 〈소나기〉 등 주옥같은 소설을 쓴 김유정이었다. 몸으로 찾아온 게 아니라 편지를 보냈다. 겉봉에 "박녹주 선생님"이라고 한글로 단정히 써 있었다.

"나는 조선극장서 선생이 소리하는 것을 보았습니다. 모든 사람의 인기를 끄는 것이 정말 기뻤습니다. 나는 당신을 연모합니다. 나는 22세의 연전 학생이오. 고향은 강원도 춘천이고 어머니와 아버지는 돌아가시고 안 계시오. 형님과 누님 들이 있는데 나는 지금 누님 집에 있습니다. 주소는 바로 옆 동인 봉익동이오."

처음에 나는 무슨 편지인지 잘 몰랐다. 연모라는 말의 뜻을 한참 새겨본 뒤에야 대강 짐작이 갔다. 도로 편지를 부쳐버렸다. 그런데 그 다음날 그 편지가 다시 돌아왔다. 레코드 '재키토에 적혀 있던 내 얼굴 사진을 곁들여서.

박녹주는 거듭 거부했으나 김유정의 짝사랑은 식을 줄 몰랐다. 시인 유치환은 "사랑하는 것은 / 사랑을 받느니보다 행복하나니라 / 오늘도 나는 / 에메랄드 빛 하늘이 환히 내다뵈는 / 우체국 창문 앞에 와서 너에게 편지를 쓴다"*라 했다. 비록 짝사랑이었을지라도

---

* 유치환, 〈행복〉.

사랑하는 사람에게 끊임없이 편지를 보낼 수 있다는 이유로 김유정은 행복했을까? 그 여부는 알 수 없으나 늑막염 때문에 30세 나이로 생을 마칠 때까지 김유정은 명창 박녹주만을 찾았다. 명창 박녹주의 목소리가 젊은 김유정으로 하여금 평생을 불태우게 했던 것이다. 박녹주는 훗날 판소리 명창으로 널리 알려졌으며, 동시에 김유정의 불꽃같은 사랑을 받은 여인으로 많은 이의 머리에 남아 있다.

우리나라 최초의 성악가이자 가수였던 윤심덕과 유부남 극작가였던 김우진의 사랑 역시 수많은 사람이 아직까지 기억하는 이야기다. 윤심덕은 일본 도쿄 우에노 음악학교에서 성악을 전공했는데 재학 중에 와세다 대학 영문과 출신 극작가 김우진을 만나 사랑에 빠졌다. 윤심덕은 귀국한 후 1923년 6월 한국에서 소프라노 가수로서 독창회를 열면서 스타가 되었으나 이후 흐트러진 인생을 살았다. 그 후 1926년 일본에서 레코드 취입吹入을 마친 후 먼저 와 있던 김우진과 만나 함께 연락선을 타고 돌아오는 길에 현해탄에 투신자살했다. 윤심덕이 부른 최초의 유행가가 〈사死의 찬미〉였으니 그 노래와 삶이 잘 연결된다. 삶을 함께할 수 없었기에 죽음을 함께했던 두 사람의 비극적인 사랑이 음악의 힘이나 예술의 특성과 전혀 상관이 없지는 않을 듯하다.

2. 감동

: 세상을 움직이는 예술

어떤 예술 분야건 훌륭한 작품에는 저도 모르게 사람을 움직이는 그 무엇이 있다. 예술은 사람을 감동시키는 장르다. 그런데 고수의 예술은 사람을 감동시키는 데 그치지 않는다. 사람으로 치면 악한 사람까지 감동시키고, 사람을 넘어 귀신이나 동물을 감동시키기도 하며, 자연까지 반응하도록 만들기도 한다.

도둑의 눈물

신라시대 승려 영재永才는 성품이 낙천적이며, 모든 것에 얽매이지 않았다. 특히 향가를 잘하기로 유명했다. 영永은 영詠의 의미로도 쓰므로 영재란 영재詠才, 즉 노래에 재주를 가졌다는 뜻이다. 그 승려의 이름은 따로 있었을 것이나 노래에 재주가 있었으므로 이것이 부각되어 그런 별명을 얻었던 것이다.

어느 해 마지막 날, 영재가 세상을 떠나 남쪽 산악에 은거해 삶을 마치려는 결심을 하고 길을 나섰다. 가다가 큰 고개에서 도적 떼 수십 명을 만났다. 가진 것을 다 내놓으라 했다. 수도승이 무슨 가진 것이 있으랴. 아무것도 빼앗을 것이 없음을 안 도적들은 난폭해져 번쩍이는 칼을 빼들고 더욱 호령을 했다.

칼 앞에 태연할 사람은 거의 없는데 이 승려는 자기 목을 겨누는 칼을 보고도 전혀 동요하지 않았다. 상대가 싸우려 들지 않으면 싸울 맛이 없어지는 법이다. 김이 샌 도적들이 이름을 물었다. 영재라 했다. 도둑들은 이미 노래를 잘하는 영재에 대해 소문을 들어 알고 있었다. 뺏을 것도 없고 자신들을 두려워하지도 않으니 노래나 하나 해보라 했다. 당장이라도 자신의 목숨까지 앗아갈 수 있는 도둑 떼 앞에서 영재는 두려워하는 빛 없이 태연히 노래를 시작했다. 한 가락 두 가락 이어지는 노래에 갑자기 주변이 조용해지더니 도둑들이 하나둘 눈물을 훔쳐냈다.

도둑들에게는 지난 삶이 필름 펼쳐지듯 머릿속을 스쳤을 것이다. 당대 사회상을 고려했을 때 아마 이런 모습이었을 것이다. 아무리 노력해도 입에 풀칠도 할 수 없는 세상, 이어지는 흉년과 계속되는 노역 등을 견디지 못해 뿔뿔이 흩어진 가족들, 늙은 부모를 뒤로 하고 고향을 뛰쳐나왔으나 살길은 막막해 울고 싶었던 지난날……. 그래도 살기는 해야겠기에 하나둘 모여 하게 된 것이 도둑질이었을 것이다. 도둑질을 하면서도 늘 스스로 이렇게 위안을 하지 않았을까?

'내 잘못이 아니다. 세상 탓이다. 세상이, 임금이, 나를 그리고 우리 가족을 이렇게 만든 것이다.'

그런 도둑들이 영재의 노래에 감화되었다. 누구에 대한 원망도, 죄책감에 대한 자기변명도, 가족과 함께 보낸 지난 삶에 대한 동경도 모두 부질없음을 깨닫게 되었던 것이다. 흐르는 눈물을 감출 수 없어 고개를 돌렸다가 아예 칼을 던지고 엉엉 우는 사람까지 생겼다. 결국 그들은 비단 두 동을 내어주며 영재더러 편안히 가라 했다. 영재는 웃으면서 거절하고는 말했다.

"재물은 지옥으로 가는 근본이라는 것을 알았기 때문에 피하여 깊은 산에 들어가 한 생애를 마치려는데 어찌 그것을 받겠습니까."

그러면서 비단을 땅에 던지니 도적들이 다시 그 말에 감동을 받았다. 다들 도끼와 창을 내던지고 문도門徒가 되었다. 지리산에 함께 은거하며 도심道心을 이루어 한날한시에 모두 머리를 깎고 수도자가 된 후 다시는 속세의 땅을 밟지 않았다. 그 감화의 정도를 짐작할 만하다.

사람의 심성을 변화시키는 데에는 음악만한 것이 없다. 그래서 음악치유학이라는 것도 있는 것이다. 중국의 복불제宓不齊는 공자의 제자로 노나라 단보亶父 고을을 다스리는 관리가 되었다. 정치를 하지 않고 당堂에서 거문고만 탔는데도, 고을 백성들이 그 소리를 듣고 저절로 교화되어 마을이 잘 다스려졌다고 한다. 음악은 그렇게 엄청난 힘을 지니고 있다. 그 힘은 어디에서 나오는가. 사람의 마음을 중심에 두어 그것을 변화시키는 데에 있다.

비뚤어진 심성을 가진 이를, 또는 한 번 마음을 잘못 먹어 잘못된 길로 가는 이들을 음악으로 교화시킨 예는 주경周卿의 일화에서도 볼 수 있다. 종실 단천수 주경은 피리를 잘 불었다. 종실이란 종반宗班이라고도 하는데 한마디로 왕족이라는 뜻이다. 조선시대에는 종친부宗親府가 따로 있어서 왕족 종친 사이의 화목을 위한 일이나 종실의 제반 문제를 다루었다. 보통 조선시대에는 문관文官인 동반東班과 무관武官인 서반西班, 이렇게 양반兩班이 있었다고 알고 있다. 그런데 실은 종친부에 속하여 관계官階를 받는 종반까지 합해 총 삼반三班이 있었다. 종친부에서는 종반에게 '대군大君'부터 '수守'까지의 작위를 내려주었다. 왕권 세습이 굳건해지면서 왕족들의 권력 남용이나 횡포가 있을 가능성이 늘 있었기 때문에 종반에게는 특별한 예우와 동시에 엄격한 제재가 있었다. 제재란 관직에 올라 정치에 관여하지 못하게 하는 것이다. 이것은 왕을 중심으로 4대 8촌까지에만 해당되었으며 바로 이들까지 종친부에 소속된다. 9촌부터는 일반 문관이나 무관처럼 벼슬을 할 수 있었다. 그렇다면 주경은 종친부에 소속되어 단천수라는 작위를 받은 왕족이다.

그가 하루는 일 때문에 개성 청석고개를 지나게 되었는데 이때는 도적 임꺽정이 경기와 황해지방 사이에서 노략질을 할 때였다. 아니나 다를까, 주경이 임꺽정 무리에게 잡혔다. 도적 떼는 붙잡은 사람이 멀끔하고 또 어딘가 특별해 보이기도 했는지 바로 죽이지 않고 대장 임꺽정 앞으로 데리고 갔다. 임꺽정이 이름을 물어 단천수라 했더니 "나뭇가지나 잎으로도 피리를 잘 분다는 단천수가 아니냐?"며 아는 체를 했다. 본래 양주의 백정 출신이며 당시 산골에 숨어 사는 떼도둑인 임꺽정까지 알 정도이니 이미 그는 피리를 잘 부는 것으로 온 나라에 소문이 자자했던 모양이다. 그냥 죽이기는 아까워서 잘한다는 그 피리를 한번 불어보게 했다.

이때에 달이 매우 밝았다. 주경은 소매에서 학의 정강이뼈로 만든 피리를 꺼냈다. 몸통은 짧으나 소리는 맑으므로 늘 가지고 다니던 것이었다. 우조를 연주하니 도적 수십 명이 둘러앉아 들었다. 곡조가 용솟음치듯 날아올라 하늘에 닿을 듯한 기세였다. 이윽고 서서히 변하여 계면조를 연주하니 모두가 한숨을 쉬고 탄식하고 심지어 눈물을 흘리는 사람까지 있었다. 임꺽정이 여러 도적의 동정을 보고 손을 내저으며 급히 멈추게 했다. "잡아두어봐야 소용이 없으니 돌려보내는 것이 좋겠다" 하고는 차고 있던 작은 칼을 풀어주면서 길을 방해하는 자가 있거든 보여주면 된다고 했다. 주경이 오늘날 경기도 파주시에 있는 장단長湍 땅에 도착할 때까지 여러 도적을 만났는데 그때마다 도적들이 칼을 보고는 소리를 지르며 도망갔다 한다.

임꺽정과 그 무리에 대해서는 벽초 홍명희가 장편소설로 만들어 1928년 11월부터 10년 넘게 《조선일보》에 연재했기 때문에 세상에 모르는 사람이 없다. 홍길동이나 장길산 등이 그렇듯 임꺽정 무리도 의적으로 그려졌다. 역사적으로 볼 때 그는 양주의 백정으로 태어났다가 조선 중기 문신 윤원형尹元衡 등의 정치 독단과 관리들의 혹독한 수탈이 자행되던 것에 불만을 품고 도둑이 되었다. 나중에는 세력이 커져 황해도 구월산 등지를 중심으로 활동하면서 관아와 주변 부자들의 집을 털었다. 도둑질한 물건으로 가난한 이들을 돕기도 했기 때문에 양민들의 지지를 받았다. 임꺽정과 그 무리는 1500년대 중반 집단적으로 대규모 활동을 했다. 조정에서는 그들을 잡기 위해 수많은 관군을 동원했으나 번번이 실패하다가 3년만인 1562년에 결국 임꺽정과 그 무리를 잡아 처형했다.

단천수가 잡힌 것은 아마도 조정에서 임꺽정 무리를 잡으려 노력하던 무렵이었던 듯하다. 아직 잡히지 않았으나 자신들의 운명을 직

감하고 있었기에 단천수의 피리 소리에 더욱 쉽게 젖어들 수 있었을 것이다. 이 이야기는 편찬자 미상의 《500년기담五百年奇譚》에 실려 있다. 《어우야담》 3권 〈학예學藝〉편에도 실려 있는데, 그 책에는 단천수가 아니라 단산수丹山守라고 되어 있다. 또 임꺽정이 피리 연주곡이 끝난 후에 진수성찬을 차려 단산수에게 술을 몇 잔 권한 후 말에 태워 골짜기 어귀까지 깍듯이 호송했다고 쓰기도 했다.

구름도 걸음을 멈추게 한 곡조

꼭 나쁜 일을 하고 있는 사람이나 마음씨가 고약한 사람만 음악에 감동되는 것은 아니다. 한 마을에 사는 평범한 사람들을 하루 사이에 기쁘게도 슬프게도 만든 사람이 있다. 한아韓娥의 이야기다.

옛날에 한아가 제나라에 갔다. 삼태기를 지고 옹문雍門을 지나다니며 노래를 불러서 밥을 빌어먹었다. 옹문은 제나라 동쪽 성문의 이름이다. 성문 주위를 오가는 많은 인구 앞에서 노래를 하고, 그것을 들은 행인들이 주는 돈으로 하루하루 먹고살고 있었다. 밥을 빌어먹기 위해 똑같은 곡 몇 개를 버릇처럼 자동으로 부른 것은 아니었다. 일단 노래를 하고 나면 이미 그가 떠나간 후에도 남은 소리가 들보 주위에 맴돌며 사흘 동안 끊이지 않아 주위의 사람들은 그가 떠나지 않은 줄로 알았다. 《열자》〈탕문湯問〉에서는 한아의 노래가 매우 좋았다는 것을 요량繞樑, 즉 '소리가 들보 주위를 맴돌며 사라지지 않았다'는 단어를 사용해 표현했다. 한아의 고사가 널리 알려진 후 이 표현은 '훌륭한 음악 소리와 그 여운'을 나타낼 때 늘 쓰는 단어가 되었다.

예나 지금이나 추레한 행색으로 거리에서 먹고사는 사람들을 무시하거나 모욕하는 이들이 많다. 한아 역시 같은 일을 당했다. 여관에 갔더니 여관 주인이 "그 더러운 행색으로 어디를 들어오느냐, 노래 따위로 구걸이나 하며 사는 게 어디 감히 깨끗한 방에 앉아 밥을 먹느냐"며 모욕을 주었다. 한아는 화를 내는 대신 목소리를 길게 빼어 느리게 노래를 불렀다.

그 소리를 들은 마을 사람들은 왠지 온몸에 기운이 빠지고 밥맛을 잃었다. 늙은이, 어린아이 할 것 없이 모두 그랬다. 다들 아무것도 하기 싫고 괜히 슬퍼져 넋을 놓고 앉아 있었다. 사흘이 지나도 달라질 줄 몰랐다. 안 되겠다 싶어 급히 그를 데려다가 사과하고 특별히 다른 곡조를 불러달라고 부탁했다. 이번에는 한아가 신나는 곡을 불러주었더니 전과는 완전히 달라진 모습으로 온 마을 사람이 기뻐했다. 왠지 모르게 어깨가 들썩이고 껄껄거리며 웃게 되었다. 기뻐서 뛰기를 억제할 수 없었다고 했으니 이성이 아닌 감성의 깊은 곳을 자극했다는 말일 것이다.

그 일이 있은 후로 "옹문 사람들" 하면 노래를 잘하고 곡을 잘하기로 세상에서 유명하게 되었다. 한아의 일이 한때에 그친 것이 아니라 사람들의 깊은 곳을 자극해서 마을 전체의 분위기까지 바꾸어놓았다는 것이다. 한아의 이 고사는 매우 유명해서 수많은 문인의 글에 '옹문의 눈물'을 들어 말하는 부분을 볼 수 있다. 중국 전한前漢의 회남왕淮南王 유안劉安이 쓴 《회남자淮南子》에는 옹문주雍門周가 거문고로 제나라 맹상군을 감탄케 했다는 고사인 옹문고금雍門鼓琴 이야기가 있는데, 이 역시 한아의 고사를 바탕으로 하고 있다. 좋은 곡조는 사람뿐 아니라 동물이나 자연까지 변화시킬 수 있다. 《서경》〈익직益稷〉에는 요순 시절 음악을 맡은 관리인 기夔가 악기를 연주하자 짐승들이 덩실대고 봉황이 춤을 추었다는 기록도 있다.

음악에 자연이 감동했다는 사문의 예는 앞서 이미 소개했는데, 그와 비슷한 이야기가 《열자》에도 실려 있다. 옛날 진秦나라의 설담薛譚이 당시 유명한 가객이던 진청秦靑에게 노래를 배웠다. 세상 최고가 되겠다며 일부러 유명한 스승을 찾아와 열심히 노력했다. 몇 년이 지나자 스승이 하는 것을 자신도 다 할 줄 아는 것 같았다. 날마다 봐도 이제는 새로운 것이 없는 듯 보였다. 언제까지 스승 밑에 있을 수는 없는 일이다. 이제 세상에 나가 이름을 드날려야겠다고 생각했다. 그래서 돌아가겠다고 했다.

자신을 얕잡아보고 떠나려 하는 제자 앞에서 스승 진청은 곧바로 야단을 칠 수 있었다. 그렇게 겸손하지 못한 자세로, 그렇게 조급한 자세로 어떻게 그리고 무엇을 배울 수 있느냐고, 네가 이미 나를 능가했다고 생각하느냐고 불같이 화를 내며 붙잡아 수련을 계속하게 할 수 있었다. 그러나 아무 말도 하지 않았다. 오직 그간 함께한 정이 있으니 저 앞까지만 전송하겠다며 같이 나섰다. 제자를 교외 네거리까지 전송한 후 진청은 절節이라는 악기를 손에 들고 작별의 연주를 해주었다. 구슬프게 한 구절 한 구절 이어지며 퍼져나가는 그 소리에 사방의 삼림이 숨을 죽였다. 숲을 휩쓴 그 소리는 다시 공중으로 올라 구름과 하나가 되었다. 그 음악 소리를 조금이라도 더 듣고 싶어서였는지, 아니면 혹시라도 자신의 움직임 때문에 음악의 울림이 방해를 받을까봐 걱정해서인지 숲을 지나던 바람도 조용히 꼬리를 내리고 유유히 흐르던 구름도 멈추어 섰다.

제자 설담이 그때 무엇을 생각했을지는 짐작하기 어렵지 않다. 설담은 진청 사죄하며 되돌아가기를 청했다. 스승의 말 없는 가르침에 제자는 자신의 교만을 깨닫고 깊이 반성한 후 다시 돌아가 스승 밑에서 수행을 계속했다. 이후 설담은 겸손하고 인내심 있는 한 음악가로 거듭났다. 이 일 때문에 알운곡關雲曲, 즉 '구름을 막은 곡조'라는 단어가 생겼다. 매우 아름다운 노래 또는 매우 아름다운 목소리를 나타내는 말로 사용한다.

사계절의 변화마저 조종한 솜씨

조선시대 사람 이마지李馬智 역시 사람과 자연을 한꺼번에 변화시키는 명인이었다. 이마지는 생몰년대가 정확하지 않지만 조선 성종成宗 때 활약했던 거문고 악사다. 오묘한 가락으로 당시 선비들 사이에 널리 알려졌으며 특히 성종의 총애를 받아 전악典樂 벼슬에 임명되기도 했다.

그는 당대 조선에서 최고의 거문고 악사로 알려져 있었다. 그가 거문고를 뜯으면 가볍고 무거우며, 맑고 탁하며, 높고 낮으며, 가늘고 굵으며, 성글고 촘촘한 소리가 모두 너무나 자연스럽게 이어졌다고 한다. 곡조의 기이한 변화가 당시의 악사들보다 출중하니, 음악을 즐기는 사람들이 다투어 맞이했다. 달밤이면 빈 대청에 앉아 손이 가는 대로 한 가락을 타는데, 그러면 바람이 일고 물이 용솟음치며 날씨는 추워지고 귀신이 휘파람을 부는 듯해서 듣는 사람들의 머리카락이 쭈뼛쭈뼛 설 정도였다 한다.

김안로金安老는 《용천담적기龍泉談寂記》에서 이마지가 정승 등 귀한 손님만 쭉 앉아 있는 자리에서 연주를 하는 장면을 묘사했다. 그 묘사는 상당히 길게 이어지는데 서술로는 그 감동을 전할 수 없어서 원문을 옮겨본다.

구름이 가며 냇물이 흐르는 것처럼 끊어질 듯 계속 이어지기도 하고, 갑자기 툭 터졌다가 콱 막히기도 하면서 펼쳐내는 것이 변화무쌍하니 자리에 있던 사람들이 모두 입맛을 잃고 술 마시기를 멈추었다. 귀를 기울이며 골똘히 생각하니 멍한 모습이 나무토막 같을 지경이었다. 갑자기 고운 소리로 바꾸니 버들이 흔들리듯 꽃잎이 날리듯 하면서 주변 경치가 이와 융합되어 저도 모르게 정신이 취하고 사지가 늘어지는 것이었다. 또 굳세고 빠른 소리를 격렬하게 내니 깃발을 드리우고 북을 치면서 100만 대군이 일제히 일어나는 듯하여 저도 모르게 기운이 치솟고 정신이 번쩍 들어 몸을 날리고 춤추며 손뼉을 치게 되었다. 조금 후에 상성商聲으로 바꾸어 마음껏 펼치니 산림이 요동치고 산과 골이 모두 울렸다. 치조徵調로 하니 원숭이가 수심에 젖고 두견새가 원망하는 듯하며 잎들이 모두 아래로 처졌다. 진실로 처연한 기분이 뼛속까지 들어오니 남모르는 눈물이 속눈썹 밑에 고였다. 이때에 이어서 다시 기러기발을 정리하여 쭉 그으며 옮기니 우레가 지난 후인 양 웅웅거리는 남은 소리가 창틈에서 울렸다.

길게 서술했으나 어떤 특별한 사건 전개가 있었던 것은 아니고 오직 그의 악기 소리에 따라 사람의 오감이 그리고 주변의 동물이나 자연까지도 함께 변화했다는 것을 매우 자세히 쓴 것이다. 악기 소리 하나로 좌중의 머리칼을 서게도 하고 입맛을 변하게도 하며 그들의 눈을 움직이기도 해서 슬프게도, 울렁이게도 할 수 있는 것이 이마지의 경지였다. 사람뿐 아니라 눈과 귀가 없는 식물이나 시냇물조차 그 분위기에 맞게 움직였다. 그 광경과 자리의 분위기를 상상하면서 묘사한 표현 하나하나를 따라가다보면 어느덧 나도 그 자리에 있는 것같이 느껴진다. 그가 기러기발을 쭉 그으며 맺었다는 그 여음이 지금도 들리는 듯한 것은 글 솜씨 때문인가, 연주 솜씨 때문인가.

조선시대 음악의 지침이 되었던 책인《악학궤범樂學軌範》을 편찬하기도 했던 조선 전기의 문신 성현成俔은 그의 책《용재총화慵齋叢話》에서 음악과 악기에 관한 설명을 하면서 이마지에 대해 비교적 자세하게 썼다. 당시에 같이 활동했던 김대정金大丁, 권미權美, 장춘張春 등과 비교하며 이마지가 특별히 왕과 사림 들의 사랑을 받았다는 사실을 말하고 성현 자신이 정희량鄭希良 등과 함께 직접 이마지에게 음악을 배웠다고도 했다. 그는 함께 먹고 자면서 날마다 배웠기 때문에 이마지를 잘 안다면서 그의 음악을 두고 이렇게 말했다.

그의 거문고 소리는 마치 거문고 밑바닥에서 바로 나오는 듯 채를 퉁긴 자취가 전혀 없어서 심신을 두렵고도 떨리게 하니 참으로 뛰어난 재주였다.*

인위적인 흔적이 전혀 없이 자연스러우면서도, 사람을 꼼짝하지 못하게 만드는 엄숙함과 놀라움을 겸비했기에 좌중이 누구건 상관 없이 그 모든 것을 압도한다는 의미다. 성현의 이 말을 읽고 나면 앞서 묘사된 장면이 더욱 실감난다.

자연까지 움직인 음악인으로, 누이의 죽음을 슬퍼하며 부른 노래인 향가 〈제망매가祭亡妹歌〉를 지은 것으로 유명한 월명사月明師도 있다. 신라가 왕권중심의 지배체계를 굳건히 할 정신적인 지주로 불교를 선택한 탓에 신라시대 경주에는 수많은 사찰이 세워졌으며 수많은 승려가 그곳에서 활동했다. 피리를 잘 부는 것으로 유명했던 월명사는 그중에서 사천왕사四天王寺에 살았다. 이 절은 현재 경주시 배반동에 그 터만 남아 있다.

어느 날이었다. 그날은 유난히 달이 밝고 세상은 고요하기만 했다. 세속에 대한 미련을 버리고 불법에 귀의해 수도자의 길을 가고 있는 승려였으나, 달 밝은 고요한 밤은 그런 승려의 마음까지 흔들었다. 한참을 뒤척이다 잠자기를 포기하고 절 앞 대로를 산책하기 시작했다. 그 달빛 아래를 걷노라니 흥이 생겨 늘 소매 속에 넣고 다니던 피리를 꺼냈다. 스스로 피리가 되고, 또 그 피리의 소리가 되

＊ 성현, 《용재총화》. "其爲聲也, 如從琴底出, 無是撥所行之跡, 心神驚悚, 眞絶藝也."

어 밤을 휘감고 달빛과 하나가 되었다. 달빛도 그 소리를 들었는지 그 생명 없는 것조차 감동해서 시간의 흐름을 잊은 채 자리에 서 있었다. 피리 소리는 달만 울린 것이 아니라 주변의 모든 사람을 깨우기에 충분했을 것이다. 《삼국유사三國遺事》〈월명사月明師〉조의 본문에는 나오지 않지만, 음악에 감동해서 입에서 입으로 전했던 사람들이 있었기에 오늘날까지 이 이야기가 전해지는 것이 아니겠는가. 이로 인해 그곳을 월명리月明里, 즉 달 밝은 마을이라 했다. 월명사月明師라는 이름도 달 밝은 날에 얽힌 승이라는 뜻이니, 아마 이 일 이후로 붙인 별명일 것이다.

《삼국유사》를 쓴 일연은 이 기사 끝에 "노래가 천지 귀신을 감동시킨 것이 한둘이 아니다"*라고 썼다. 신라시대에만 국한해도, 실명한 아들에게 시력을 달라는 간절한 마음을 담아 〈도천수대비가禱千手大悲歌〉를 노래했던 희명希明이나 극락왕생하기 위해 밤마다 수련하고 또 간절히 〈원왕생가願往生歌〉를 불렀던 광덕廣德이 각기 자신이 원하던 것을 이루었던 사례 역시 노래에 천지 귀신이 감동한 예라 할 것이다.

---

* 일연,《삼국유사》. "蓋詩頌之類歟, 故往往能感動天地鬼神者, 非一."

천지 귀신조차 반한 옥피리 소리

이 밖에도 일연의 말과 같이 사람의 연주와 노래에 감동한 천지 귀신의 예가 여럿이 남아 있다. 그중에 하나를 더 소개하고 싶다. 옥피리를 부는 데 솜씨가 있었던 하윤침河允沈의 이야기다. 하윤침에 관해서는 다음 이야기 외에 다른 기록을 전혀 찾을 수가 없다.

하윤침이 어느 날 뱃사람들과 함께 바다를 건너다 역풍을 만나 한 섬에 정착하게 되었다고 했다. 배를 섬에 정박시킨 채 열흘을 지냈는데도 바람의 기세는 꺾이지 않고 오히려 더욱 심해지기만 했다. 초조하게 기다리는 동안 하윤침은 날마다 옥피리를 불며 소일했다. 힘든 일을 잊기 위해 틈틈이 배워두었던 것인지 아니면 어린 시절 부모님이 가르쳐주신 것인지는 확실치 않지만 순풍을 기다리는 그 열흘 동안 그는 쉴 새 없이 옥피리를 불며 걱정스러운 마음을 애써 달랬다.

그러던 어느 날 밤, 같은 배를 탔던 어떤 사람의 꿈에 백발을 늘어뜨린 키 큰 한 신인神人이 나타나 이렇게 말했다.

"내일 내가 너에게 순풍을 줄 것이니 너는 모름지기 나를 위해 하윤침을 남겨두고 떠나거라. 그렇지 않으면 절대 물을 건너지 못하게 하겠다."

우리 선조들은 어느 곳에나 또는 어느 물건에나 그곳에 정령이 있다고 믿어왔다. 하윤침 등이 정박한 곳은 무인도였으나 그곳에도 자리를 잡고 사는 정령이 있었던 모양이다. 그것을 '신인'이라 부르든 '귀신'이라 부르든 가리키는 대상은 똑같다. 신인이 하윤침의 옥피리 솜씨를 알고 일부러 역풍을 불게 해 그가 탄 배를 불러들였는지는 알 수 없다. 그러나 그 신인이 열흘 동안 하윤침의 피리 소리를 감상한 것은 틀림없으며 그 열흘 동안의 감상을 통해 하윤침에게 완전히 빠져들어 결국 그를 인간세상으로 돌려보내지 않기로 결정했던 것이다. 신인이 택한 방법은, 다른 뱃사람들의 꿈에 나타나 그를 섬에 두고 가라고 지시하는 것이었다.

뱃사람들은 다들 같은 꿈을 꾼 것을 알게 되었다. 신인의 용모와 말도 모두 같았다. 영험한 꿈이며 진실된 꿈이라는 것을 알고 뱃사람들이 크게 두려워했다. 이제는 다른 방법이 없었다. 서로 의논해서 식량과 여러 필요한 물건을 많이 가져다 동굴에 두고 하윤침의 옥피리도 훔쳐다 거기에 두었다. 닻을 올리고 출발하려 할 즈음 거짓으로 깜짝 놀라는 척하면서 하윤침에게 말했다.

"식량과 여러 필요한 물건과 옥피리를 동굴에 두었던 것을 잊어버리고 왔네. 빨리 가서 가져오게."

하윤침이 배에서 내리자 뱃사람들은 다들 힘을 합해 배를 저어 떠나갔다. 차마 떨어지지 않는 발걸음을 떼었던 것이다.

이후 하윤침이 어떻게 되었는지 모른다. 뱃사람들에게 버림받아

혼자 섬에 버려진 하윤침의 마음이야 오죽했으랴만 그 깊은 속내를 우리는 알 수 없다. 우리는 뛰어난 피리 연주로 신인까지 감동시킨 예로 가끔 그를 되뇌일 뿐이다. 이 이야기를 기록한 유몽인이 살았던 시기까지도 뱃사람들이 종종 안개가 낀 아침, 달이 뜬 밤에 이 섬 곁을 오갈 때면 옥피리 소리가 들리므로, 그 섬을 취적도吹笛島라 부른다고 했다.

하윤침의 경우야 일반적인 의미에서 좋지 못한 일을 당한 경우에 해당하지만, 대개 감동은 긍정적인 효과를 낸다. 감동은 꼭 음악 분야에서만 일어나는 것이 아니다. 책을 읽다가도, 그림을 보다가도, 텔레비전을 시청하다가도, 설교나 연설을 듣다가도 사람은 감동한다. 그리고 그 감동이 인생관의 변화로 이어져 행동이 변하고 세상을 변화시키게 되는 것이다. 그럼 누가 누구를 감동시킬 것인가? 진정한 실력자가 진정을 담아 하는 모든 것에 우리는 언제든지 감동할 수 있다. 그리고 우리 자신도 다른 이를 그렇게 감동시킬 수 있다. 세상은 감동시키는 자를 중심으로 돌아간다.

3. 평생
: 음악가의 말년을 지켜준 악기들

어떤 대상을 생각하든 그 생각이 깊어지면 결국은 인생을 생각하게 된다. 음악을 중심으로 생각했던 이 책의 특성을 살려 음악에 빗대어 인생을 생각해보자. 인생은 어떻게 살아야 하는 것일까? 어떤 삶이 행복한 삶일까? 그것에 대한 답을 얻을 수 있을까 싶어 이사람 저 사람의 삶의 기록을 기웃거려보았다.

절망을 견디게끔 만들어준 음악

옛 사설시조 가운데 이런 작품이 있다.

178

임천林川의 초당草堂 짓고 만 권 서책 싸아놋코

오추마烏騅馬 살지게 메계 흐르는 물가의 굽씩겨 세고 보리미 길드리며

절더가인佳人 겻혜 두고 벽오碧梧 거문고 시줄 언저 세워두고 생황·양금

·해금·저피리 일등미색 전후창부 좌우로 안저 엇쏘로 농악弄樂헐 제

아마도 이목지소호耳目之所好와 무궁지지소악無窮之至所樂은 나뿐인가

한자를 걷어내고 요즘 말로 옮기면 이렇게 될 것이다.

숲과 시내 어우러진 곳에 초가집을 지은 후에 보고 싶은 온갖 책을 갖추어둔다. 좋은 말을 배불리 먹여 흐르는 물에 씻기고 보라매도 길들여 키운다. 세상에 둘도 없는 아름다운 여인을 곁에 두고, 좋은 소리 내는 오래된 오동나무로 만든 거문고에 새로 줄을 매어둔 채 생황·양금·해금·피리를 부는 온갖 미인들과 노래하는 가수까지 불러다가 함께 앉는다. 그렇게 음악을 연주하고 감상한다면 나같이 즐거운 사람이 어디에 있을까보냐. 이렇게 무궁하고 지극한 즐거움을 지닌 사람은 오직 나뿐이리라.

"이런 즐거움은 오직 나 하나뿐이리라" 했으니 실은 이런 즐거움은 누구나 얻기 힘든 꿈같은 바람이다.

또 중국의 구양수는 〈동재기東齋記〉에서 "거문고를 배워 그것을

즐기면 몸에 병이 있는 줄도 모르게 된다"*고 했다. 그만큼 즐겁다는 이야기일 게다. 세상 어디에 사는 누구나 행복하고 즐겁게 살고 싶다. 허나 어디 세상이 그러한가? 그러니 어떻게 살아야 하나 고민하는 것이다.

조수삼은 《추재기이》에, 이름은 알 수 없고 오직 성이 손 씨라는 것만 알려진 한 장님 악사에 대해 썼다. 사람들은 그냥 손 봉사라 불렀다. 보통 시력을 잃어 봉사가 되고 나면 점치는 일을 하는 것이 조선시대 일반적인 경향이었다. 이 사람은 점치는 일에는 전혀 솜씨가 없었고 대신 노래를 매우 잘했다. 이른바 우리나라의 우조와 계면조의 길고 짧고 높고 낮은 스물네 가지 소리 가운데 섭렵하지 않은 것이 없었다.

손 봉사가 날마다 저잣거리 어귀에 앉아 노래를 하면 사람들이 담처럼 빙 둘러서서 듣곤 했다. 곡조가 한창 최고조로 가면 사람들이 비 오듯 돈을 던져주었다. 손으로 더듬어보아서 100냥쯤 되면 즉시 노래판을 걷어치웠다. 그러고는 "이만하면 취하도록 마셔볼 수 있겠다" 하며 술집으로 달려갔다고 한다.

그가 연주하는 목적은 무엇이었나? 술값을 벌기 위해서였다. 그뿐이었다. 조금이라도 더 받으려고 굽신거리지 않고 좀더 늙기 전에

---

* 구양수, 〈동재기〉, "學琴而樂之, 不知疾之在體也."

재물을 모아두려 하지도 않았다. 얽매이는 것 없이 스스로를 풀어 놓았다. 옛날 중국에 엄군평이라는 사람이 있었는데 그 사람도 점을 쳐서 돈 100냥만 생기면 곧장 주막으로 달려가 술을 마셨다고 한다. 둘의 행동이 똑같다.

손 봉사가 술을 마시는 이유, 그가 계속 술을 찾은 이유는 무엇이었을까? 문득 그가 장님이라는 사실에 눈이 간다. 옛날부터 앞을 못 보는 사람은 안마사나 악사 또는 점술사가 되는 경우가 많았다. 그 사람들의 심정을 생각했을 때, '보통 다들 그랬으니까 악사가 되었겠지' 하며 넘기기에는 미안하다.

손씨가 악사가 되기 전에 무엇을 하던 누구였는지는 알 길이 없다. 그러나 어느 순간 시력을 잃게 되었을 때, 또는 태어나 얼마 후 자신이 다른 사람과는 다른 장애를 가진 이라는 사실을 깨닫게 되었을 때 그 마음속 무너짐은 어떠했을까? 그 무너짐에 대한, 그 한恨에 대한, 그 절망에 대한 견딜 수 없는 몸부림이 아마 곡조로 나타났을 것이다. 그는 곡조로 자신을 표현했고 그것이 그를 살게 하는 힘이었다. 그래서 그의 노래는 더욱 자연스럽고 더 감동적이었을 것이다. 그의 곡조에 사람들이 담을 두르듯 모여들어 비 오듯 돈을 던져주었던 이유를 짐작할 만하다.

탕자의 마지막을 함께한 늙은 아내와 거문고

음악 하는 사람의 말년은 어떨까? 음악 하는 사람은 흔히 풍류를 아는 사람, 놀 줄 아는 사람이라고 한다. 놀 줄 아는 사람은 그만한 화려한 이력을 지니기도 한다. 젊어서 어느 정도 이름도 얻고 높으신 분들의 인정을 받아 재물도 모으며 어디를 가나 환영받던 사람이 있다면 그는 어떻게 살게 될까? 예상하기 쉽게 그 많은 돈으로 여러 여인을 만나고 다니며 호기 있게 마음껏 쓰면서 가정은 제대로 지키지 않는 경우가 많을 것이다. 이런 삶을 살았던 사람의 말년 이야기까지 자세하게 적은 기록이 있다. 김윤식金允植이 쓴 〈금사이원영전琴師李元永傳〉이 바로 그것이다.

이원영李元永은 1800년대 후반에 유명했던 거문고 명인이다. 솜씨가 좋아서 실력도 인정받고 한때 여기저기로 불려 다녔다. 순조의 아들 효명세자孝明世子가 순조의 명을 받아 대리청정을 할 때 그의 거문고 솜씨가 뛰어나다는 소문을 듣고 그를 불러들여 연주하게 한 적도 있었다. 매이는 것이 싫어 어느 정도 돈과 명성을 얻자 번 돈과 명성으로 마음껏 놀고 다니고, 온갖 하고 싶은 것을 다 해보고 다녔다. 예쁜 기생도 얻어 그녀가 원하는 대로 다 해주며 즐기기도 했다.

그러다 이원영도 나이가 들어 눈이 어둡고 침침해졌다. 전에 자기 이름을 알던 이들도 이제는 다 그를 잊을 만큼 되었다. 가세는 이미 기울었고 흉년까지 만나 더욱 어려워졌다. 할 수 없이 집을 모두 정리해 산속 썰렁한 집으로 이사를 한 뒤 거기서 살게 되었다. 젊어서 온 재산을 다 기울여 얻은 기생도 살림이 어려워지자 떠나버렸다. 오직 할멈만 변함없이 평생 집안을 지키고 있었다. 그제야 이원영은 부끄러워하고 깊이 뉘우치며 할멈을 볼 때마다 미안해했다.

할멈이 자기 남편을 보니 평생 노름을 하거나 연회장이나 다니던 사람이 산속에 쓸쓸히 있는 것이 가여웠다. 동시에 다행스럽게도 여겨졌다. 이제는 저 사람이 떠나지 않고 함께 머리 모아 의지할 수 있으려니 생각했다. 그래서 지난 잘못은 잊고 어여삐 여기며 아껴주었다.

고요한 밤이면 조용히 앉아 늙은 이원영은 거문고를 안고 연주를 했다. 늙은 아내도 평생 거문고 소리를 들어왔던지라 곁에 앉아 그 연주의 잘잘못에 대해 평을 해주었다. 그 즐거움이 그지없었다. 이원영은 그제야 말했다.

"늙은 뒤에야 짝이 있는 즐거움을 알겠다."

이 이야기를 쓰면서 김윤식은 이런 평을 덧붙였다.

사마상여가 아내 탁문군을 가볍게 여겨 〈백두음白頭吟〉의 원망을 자초한 것보다 현명하다.

사마상여와 탁문군은 중국 역사에서 유명한 부부다. 아무것도 가진 것이 없던 사마상여가 거문고로 탁문군을 유혹해 결국 혼인하게 된 이야기는 앞서 이미 언급했다. 하지만 그렇듯 깊이 사랑했던 두 사람도 별 볼 일 없어서, 나중에 사마상여가 무릉지방의 여인을 첩으로 삼으려 했다. 이때 아내 탁문군이 남편을 원망하면서 〈백두음〉이라는 곡을 짓고 자결하려 하자 남편이 그만둔 일이 있었다. 김윤식은 사마상여가 다른 여인을 얻으려던 일과 이원영이 말년에 아내에게 와서 그와의 즐거움을 찾게 된 것을 비교하며 후자가 잘한 것이라고 평하는 것이다.

이원영은 젊어서 대표적인 노는 사람, '탕자'로 유명했다. 젊어서는 그리 밖으로 돌아다니며 놀았고, 모두가 자기를 좋아해주는 것으로 알았다. 세상을 다 얻은 것 같았을 것이다. 자기 음악을 알아주는 사람과 있는 듯해서 좋기도 했을 법하다. 예쁜 여자에게 온갖 것을 사주면 보통은 호들갑스럽게 좋아했다. 그래서 그는 그게 잘 사는 것인 줄 알았다. 그런데 막상 늙어보니 진정 남는 것은 아무것도 없었던 것이다. 그는 풀이 죽어 아내 옆에 있었다. 그제야 귀한 것이 보였을 것이다. 아내는 이미 자기의 지음이었던 것이다. 그는 비로소 깨달았다. 내 짝이 바로 이 사람이었구나, 이것이 행복이구나 하고 말이다. 좀더 일찍 깨달았다면 좀더 일찍 행복해질 수 있었을 테지만 이때라도 깨달았으니 이들 부부의 이후 삶은 행복했을 것이다.

또 다른 음악인의 삶도 살펴보자. 장우벽張友璧이란 사람은 이렇게 살았다 한다. 조희룡趙熙龍의 《호산외기壺山外記》와 장지연張志淵의 《일사유사逸士遺事》에 나란히 실려 있는 내용이다.

장우벽의 자字는 명중明仲이고 호는 죽헌竹軒이다. 고려 태사太師 장길張吉의 후손이다. 그런 명문의 후손인데다 문장력도 갖춘지라, 조정에 진출해 흔히 말하는 출세와 성공을 할 수도 있는 인물이었다. 또 그는 효성과 우애로 세상에 유명했으며, 쓰고 외우는 것을 일삼지 않았으나 때로 문장을 지으면 뛰어나고 우아해서 읊을 만했다.

그러나 그는 조정 깊숙이 들어가 권세의 부침浮沈에 따라 영욕榮辱을 함께하지 않았다. 다만 부모의 봉양을 위해서 음보蔭補*로 잠시 통례원인의通禮院引儀라는 말직에 있었다. 이 벼슬은 조정의 조회나 제사에 관한 일을 맡아 하는 관직이다. 그러나 벼슬한 지 1년도 되지 않아 부모님께서 돌아가시자 곧장 관직을 버리고 떠났다.

"부모님께서 계시지 않으니 녹은 구해 무엇하겠는가?"

그때부터는 자연에 마음을 두고 산과 계곡들을 마음대로 돌아다녔다. 산수를 노니며 노래할 뿐이었다. 벼슬살이란 무엇이란 말인가? 서로 경쟁하며 눈치 보며 신경 쓰는 것이 누구를 위한 것이란

---

* 조상의 덕으로 벼슬을 얻는 일.

말인가? 삶이란 무엇인가? 어떻게 살아야 하는가? 그는 성정을 풀어두고 자연에 노니는 것을 삶의 방식으로 삼았다.

자연에 노닐면서 음률을 깨우쳐 직접 노래를 지어 매화점梅花點으로 박자를 맞추니 관현악의 옥피리 소리와 거의 비슷했다. 매화점이란 가곡 장단을 표시하는 기본 점수點數로, 본래 그림에서 점을 찍어 표현하는 방법의 하나인데 다섯을 맞춰 만들어내기 때문에 그 모양이 매화와 같다 해서 매화점이라 부른다. 그는 날마다 인왕산 봉우리에 올라 노래를 부르고 돌아오므로 사람들이 그곳을 가대歌臺라 했다. 나이 여든에 집에서 죽었다.

장우벽은 우리나라 음악계에서 매우 중요한 인물이다. 관직을 버린 장우벽은 인왕산 밑에 서벽정棲碧亭이란 정자를 짓고 노래를 하면서 세월을 보냈는데 수많은 가객들이 이곳을 거점으로 노래를 배우거나 공연을 하기도 했다. 조선시대 후기의 가단은 장우벽에서 오동래吳東來로 이어지고 그에게서 박효관朴孝寬, 정중보鄭仲甫, 안민영 등으로 연결된다. 결국 장우벽은 정치를 버리고 자연에 노닐며 가객으로의 삶에 충실함으로써 우리나라 가단의 원류가 되었다.

피리와 자연을 벗삼은 유유자적한 삶

이렇게 벼슬과는 최대한 멀리하며 자연 속에서 야인野人으로만 살아야 하는가? 그렇게 하지 않으면 음악과 가까이 지낼 수 없는가? 전혀 그렇지 않다.

맹사성孟思誠은 고려시대 말에 문과에 급제했고 조선이 선 후에 황희黃喜 정승과 함께 조선 전기 문화 창달에 큰 공을 세웠던 인물이다. 그는 성품이 맑고 깨끗하며 단정하고 묵직해서 재상으로 있으면서 늘 대체大體를 지켰다. 또 청렴하고 검소해 늘 남루한 행색으로 다녔기에 한번은 어느 고을 수령의 야유를 받기도 했다. 나중에야 그의 실체를 알게 된 수령이 두려워 도망가다가 관인官印을 못에 빠뜨려, 후에 그 못을 인침연印沈淵이라 불렀다는 일화도 남아 있을 정도다.

서거정徐居正은 《필원잡기筆苑雜記》에서 이런 맹사성이 평소에 어떻게 살았는가를 소개했다. 맹사성은 음률을 깨우쳐서 항상 하루에 서너 곡씩 피리를 불곤 했다. 혼자 문을 닫고 조용히 앉아 피리 불기를 계속할 뿐 사사로운 손님을 받지 않았다. 일을 보고하러 오는 등 꼭 만나야 할 손님이 오면 잠시 문을 열어 맞이할 뿐 그 밖에는 오직 피리 부는 것이 그의 삶의 전부였다. 보고하러 오는 사람은, 동구 밖에서 피리 소리가 들리면 공이 계시다는 것을 알 정도였다.

여름이면 소나무 그늘 아래에 앉아 피리를 불고 겨울이면 또 방 안 부들자리에 앉아 피리를 불었다. 서거정의 표현에 의하면 맹사성 의 방에는 "오직 부들자리만 있을 뿐 다른 물건은 없었다"고 한다. 당시 나라의 정승까지 맡고 있었던 사람의 방이건만 그곳에는 온갖 요란한 장신구나 수많은 장서藏書가 쌓여 있지 않고 오직 피리 하나 만 있었다.

옛 왕조의 끝과 새 왕조의 시작이라는 격동기에 살면서 그 모든 것을 한복판에서 경험해야 했던 그가 방에 오직 부들자리와 피리 만을 두면서 생각한 것은 무엇일까? 그는 어떤 생각을 하며 어떻게 살아갔을까? 피리 소리만 남겨둔 채 늘 비우는 방같이 늘 마음을 비우려 노력했던 것은 아닐까.

제갈공명이 이끄는 유비의 군사가 수많은 적의 공격을 받아 어려 움에 처했을 때 공명은 성문을 활짝 열어둔 채 성루에 올라 거문고 를 탔다. 그 모습을 '준비한 자의 여유'로 풀이한 적군은 감히 그 성 에 다가오지 못했다. 이것은 가장된 여유라고 할 만하지만 음악은 흔히 '여유'라는 단어와 함께 떠오른다.

옛날부터 선비들의 방에는 늘 거문고가 있었다. 또 선비들은 함 께 모여 음악을 논하고 합주하며 운치 있는 분위기를 만들어내곤 했다. 유춘오留春塢에서 열렸던 음악회야말로 바로 그런 분위기를 잘 드러내준 것이라 할 수 있다.

담헌湛軒 홍대용洪大容은 남산 아래에 유춘오라는 집을 지어놓고 지인들과 함께 자주 그곳에서 즐겼다. 어느 날도 여느 때처럼 홍대용 등 예닐곱 명이 각기 악기 하나씩을 들고 한자리에 모였다. 홍대용은 가야금을 앞에 놓고, 성경聖景 홍경성洪景性은 거문고를 잡으며, 경산京山 이한진李漢鎭은 소매에서 퉁소를 꺼내고, 김억金檍은 양금을 손에 당겼다. 국수國手라 불리는 장악원 악공 보안普安은 생황을 입에 대고 성습聖習 유학중兪學中은 악기에 맞춰 노래를 불렀다. 나이가 많았던 교교재嘐嘐齋 김용겸金用謙은 높은 자리에 앉아 눈을 지그시 감고 감상했다. 향기로운 술 냄새와 섞여 여러 음악이 어우러져 일어났다. 가야금·거문고·퉁소·양금·생황 연주에 노래까지 곁들어 그렇게 한바탕 서로 바라보며 듣고 연주하다보면 그들 마음속에 한바탕 시원함과 따뜻함이 일어났다. 이 모습을 실감나게 묘사한 성대중은 "동산은 깊어 대낮에도 고요한데 지는 꽃잎이 계단에 가득했다"*는 말로 글을 맺었다. 꽃잎이 계단에 가득해서 계단의 모든 것을 덮어 아름답게 만들듯, 이런 자리를 통해서 그들의 마음은 정화되고 그들 서로는 화합했다. 그들 마음속에 이는 깊은 감정과 아름다움이 꽃잎으로 드러났던 것이다. 삶이 별것이던가. 이만하면 충분했다. 이전에도 이후에도 나는 이보다 더 감동적인 음악의 향연

---

* 성대중, 〈기유춘오악회記留春塢樂會〉. "園深晝靜, 落花盈階."

기록을 본 적이 없다.

조선 후기 화가 가운데 단원檀園 김홍도金弘道, 혜원蕙園 신윤복申潤福, 오원吾園 장승업張承業 이 세 사람을 두고 삼원三園이라 부른다. 이들 가운데 김홍도가 명나라 때 사람 이장형李長衡(이유방李流芳)의 호를 본 따 자신의 호도 단원이라 정한 후, 시와 그림, 글씨에 모두 능해서 삼절三絶이라 일컬어졌던 표암豹菴 강세황姜世晃에게 기문을 지어달라 했다. 이 〈단원기檀園記〉에서 표암은 김홍도를 두고 "김홍도란 사람은, 생김새가 곱고 빼어날 뿐 아니라 속마음도 세속을 벗어나 있다. 보는 사람마다 그가 고아하게 세속을 벗어난 사람이지 시골의 보통 무리와는 다르다는 것을 알 수 있다. 성품상 거문고나 피리의 우아한 소리를 좋아해 매번 꽃 핀 달밤이 되면 때때로 한두 곡조를 연주하는 것을 즐거움으로 삼았다. 그의 솜씨가 옛사람을 따라잡을 수 있는 것은 말할 것도 없거니와 그 풍채도 훤칠하여 진이나 송나라 때의 높은 선비 가운데 이장형 같은 사람에게 비할 수 있을 것이다. 이미 고원하여 그만 못할 것이 없다"고 했다.

김홍도는 영조와 정조의 초상화, 즉 어진御眞을 두 번이나 맡아 그렸다. 그 일로 사포서 관직을 제수받기도 하는 등 화가로서 최대의 영예를 누린 실력자다. 그러나 그는 관직을 마치고 돌아와서도 변함없는 모습을 보였다. 저잣거리에 살면서 섬돌과 뜨락을 깨끗이 한 채 거문고나 피리를 불면서 마음을 가라앉혔다.

내민 돌은 정을 맞기 쉽다. 천한 신분의 화가가 출세했다고 여기 저기 드나들며 활개를 치고 다녔다면 아마 우리가 지금 기억하고 있는 김홍도의 이미지는 사라지고 말았을 것이다. 음악에 묻혀 조용히 자숙하며 산 것은 김홍도가 취한 가장 뛰어난 삶의 방식이 아니었던가 한다. 그의 그림 〈포의풍류도布衣風流圖〉나 〈월하취생도月下吹笙圖〉는 다 김홍도 자신을 가장 잘 보여주는 자화상이었다.

강세황 이야기가 나왔으니 그의 삶도 돌아보면 좋겠다. 그가 남긴 글 가운데 〈산향기山響記〉라는 것이 있다. 그는 산수를 두루 돌아보고 싶은 소원을 이루지 못하는 대신에 자신의 거처 네 벽에 온통 산수화를 그렸다. 첩첩한 산봉우리와 물방울이 맺힌 듯 푸른 하늘, 샘물이 내닫는 듯한 계곡, 보일 듯 말 듯한 은둔자의 거처……. 그렇게 해두고 보니 진짜 산수만한 운치가 있었다. 그러나 자연은 시각으로만 채워질 수 있는 것이 아니었다. 그래서 거문고로 때에 맞는 곡조를 연주했더니, 어떤 때에는 세찬 여울물이 돌에 부딪는 듯도 하고, 더러는 잔잔한 바람이 솔숲에 드는 듯도 했으며, 때로는 어부들의 뱃노래가 들리는 듯도 하고, 혹은 절간의 저물녘 종소리가 들리는 듯도 했다. 또 더러는 숲에서 우는 학과 같기도 하고, 물속에 있는 용과도 같았다. 그제야 완벽하게 산수에 있는 듯해서 기뻤다. 그 속에 누워 온갖 곳을 여행했다. 이름 하여 와유臥遊다. 자연에 가지 못해도 음악과 함께 자연 속에 있을 수 있었던 것은 오직 마음가

짐에 달려 있는 것이다. 현대를 사는 우리도 못할 것이 없을 듯하다. 그리고 그렇게 할 수만 있다면 삶이 훨씬 행복해지지 않을까 한다.

비파와 함께 산 송경운, 거문고와 함께 죽은 왕자경

기방이나 악원樂院, 궁궐, 양반의 별장 등의 공간이 아닌 보통 사람들이 사는 세상 한복판에서 살아간 음악인도 있다. 이기발李起淳의 《서귀유고西歸遺稿》에 나오는 〈송경운전宋慶雲傳〉을 토대로 송경운宋慶雲의 삶을 소개하고자 한다.

그는 17세기 중엽에 활동한 비파의 명수다. 어느 연회 자리에서나 그가 나타나지 않으면 사람들은 왠지 그 자리를 적막하게 느꼈을 정도였다. 전문 음악인들은 양반들에게, 또는 관官에 예속되어 함부로 불려 다니며 얽매인 생활을 하는 경우가 대부분이었다. 송경운 역시 그렇게 살다가 정묘호란 때 전주로 내려가 비로소 자유로운 생활을 하게 되었다. 전주 사람들은 본래 음악을 알지 못했으나 송경운이 전주에 살면서부터 사람들이 비파 소리를 좋아하게 되어 자주 그의 집을 찾았다고 한다. 그는 자신을 찾아오는 모든 사람에게 정성을 다해 연주해주었다. 어느 때라도 찾아오는 사람이 있으면 하던 것을 즉시 내려놓고 해주었다. "천한 나를 사람들이 찾는 것은 오직 비파 때문이니 어찌 한 사람에게라도 함부로 할 수 있겠느냐"고 하면서 말이다. 양반뿐 아니라 일반 백성이나 종의 신분을 가진 사람이 와도 그러했다. 이런 태도는 사람들을 감동시키기에 충분했다. 솜씨 있는 한 예술가가 이런 성품까지 지녔으니 오죽했을 것인가.

세상의 모든 인연을 끊고 오직 자기만의 예술세계에 몰두해 한 분야에 일가를 이룬 예술가는 많다. 그러나 삶의 현장에서 남과 부딪혀 살면서 진한 인간미를 풍긴 송경운과 같은 삶은 흔치 않기에 자꾸만 눈길이 간다.

그는 20여 년 동안 변함없이 이렇게 살다가 73세로 세상을 떠났다. 그의 장례식에는 수십 명의 제자가 스승의 유언에 따라 스승의 혼을 즐겁게 하는 음악을 연주했고 전주성 사람이 나와 다들 그의 죽음을 슬퍼했다고 한다. 죽음의 순간에 그렇게 많은 사람이 그의 죽음을 진심으로 애통해하며 아쉬워했다면 그의 삶은 참 멋졌다고 할 만하다.

인생을 생각한다면 죽음의 때를 생각하지 않을 수 없다. 죽음의 순간은 바로 그가 어떻게 살았는가를 단적으로 보여준다고 한다. 그래서 오늘의 삶이 더욱 조심스러운 것이다.

자신의 삶을 스스로 마무리하며 쓴 글 가운데 유독 깊은 감동을 주는 글이 있다. 상진尚震의 〈자명自銘〉이다.

시골에서 일어나, 세 번 재상의 관부에 들었다. 늘그막에 거문고를 배워 늘 〈감군은感君恩〉 한 곡조를 타다가 천수를 마쳤다.

상진은 조선 전기에 15년 동안 재상으로 있으면서 여러 사람들에게 골고루 신망을 받았던 명재상이다. 세 번이나 재상을 했으니 자랑할 것도 많을 터다. 하지만 시골 출신이라며 가장 낮은 자세에서 자신을 소개하고 자랑할 만한 곳에서는 그저 세 번 재상 관부에 들었다며 슬쩍 넘어간다. 거문고를 옆에 두고 산 것으로 자신의 모습을 표현했을 뿐이다. 그래서 천수를 누렸다는 표현이 예사로 들리지 않는다. 험한 삶의 여정에서 요절하지 않고, 병으로 심각하게 고생하지 않으며 천수를 누리다가 죽는 것은 쉽게 얻을 수 없는 복이다. 겸손한 자세로, 때로 자신을 숨기며 남을 거스르지 않고 살아갔을 그의 삶에 대한 보상인 듯 들린다.

상진은 벼슬살이하기 전에 들에서 농부가 두 마리 소로 밭을 가는 것을 보았다. 큰소리로 어느 소가 더 나은가 물었다가 "미물이라도 자신이 못하다는 소리를 들으면 기분이 나쁠 게 아니냐"고 귀에 대고 속삭이는 농부에게서 큰 깨우침을 얻었다. 흔히 이 이야기의 주인공을 황희 정승으로 알고 있지만 이것은 잘못이다. 상진은 이 경험을 평생 동안 잊지 않은 채 늘 말을 조심했고, 온화하게 사람들을 대했다 한다. 〈자명〉을 읽으면 정말 그가 이 교훈을 늘 되새겼으리라는 생각이 든다. 그의 사후, 부인 김씨는 그의 옷과 함께 그가 늘 타던 거문고를 상에 늘어놓고서 제사를 지냈다 한다.

거문고와 함께 살다가 거문고와 함께 죽은 상진의 최후는《세설신어世說新語》가운데 〈상서傷逝〉에 나오는 왕자경王子敬의 죽음과 비슷하다. 왕자유王子猷와 왕자경 형제가 있었다. 동진東晉의 유명한 서예가인 왕희지의 다섯째 아들 왕휘지王徽之와 일곱째 아들 왕헌지王獻之다. 이들이 우연히 나란히 병에 걸렸다. 함께 있는 것이 좋지 않을까봐 각기 다른 장소에서 투병하게 했는데, 동생인 자경이 먼저 죽었다. 이를 알 리 없는 자유는 곁에 있는 사람들에게 동생의 소식을 물었다. 그런데 사람들은 고개를 숙인 채 아무 말도 해주지 않는 것이었다. 자유는 "그 애가 이미 죽었군요" 하며 즉시 수레를 타고 동생의 빈소로 달려갔으나 그리 슬퍼하지도, 크게 곡을 하지도 않았다.

자경은 평소 거문고를 좋아했다. 무엇보다 그것을 잘 알고 있던 형 자유가 동생의 빈소에 도착하자마자 염을 마친 시체를 얹어둔 영상靈牀에 앉아 자경의 거문고를 타보았다. 거문고 줄을 튕겨도 줄이 곡조를 이루지 못했다.

"자경아, 자경아! 사람과 거문고가 함께 죽었구나!"

자유는 그제야 거문고를 땅에 내던지며 통곡하면서 한참 동안 매우 슬퍼하더니 한 달쯤 후에 동생을 따라 죽었다.

이 이야기를 사람과 거문고가 함께 죽었다는 뜻의 인금구망人琴俱亡 혹은 인금병절人琴并絕이라고 한다. 오늘날 이 말은 가까운 이들의 죽음에 대한 애도의 정을 비유하는 데에 쓴다. 그러나 필자는 이들의 이야기를 보면서 그가 평소에 어떻게 살았으면 그의 죽음과 함께 거문고가 소리를 내지 않았다고 했을까를 생각한다. 종자기가 죽자 백아가 거문고 연주를 하지 않았다고 했다. 백아는 성정이 있는 사람이라 그랬다고 할 수 있지만 자경의 거문고는 무엇이란 말인가? 또 그 자경은 거문고와 어느 정도 교통하며 살았단 말인가? 예술가 중에는 유독 불행한 죽음을 맞는 사람들이 많다. 자경의 죽음이라면 꼭 그리 불행했다고는 말하지 못하겠다. 그 좋아하던 거문고와 죽음을 함께했을 테니 말이다.

죽음은 삶의 결정판이라는데 내 죽음의 때는 어떨 것인가? 나는 무엇을 잡고, 누구와 함께, 무슨 생각을 하면서 생을 마칠 것인가?

본문에 언급된
원문 보기

제1부 몰입으로 최고가 된 사람들

1. 수련: 명인으로 거듭나다

◉──유몽인, 만종재본《어우야담》

석개는 여성군 송인의 계집종이었다. 얼굴은 늙은 원숭이 같고 눈은 대추나무로 만든 화살같이 작았다. 어린 나이에 외지에서 와 시종이 되었다. 송인의 집은 세력가에다 친척들도 모두 대단하였다. 곱게 단장한 미인들이 늘 옆에서 응대했는데, 그들을 이루 다 기억하기 어려울 정도였다.

석개에게는 나무통을 이고 가서 물을 길어오는 일을 시켰다. 석개는 우물에 가서 통을 우물 난간에 걸어둔 채 종일토록 노래만 불렀다. 그 노래는 마치 나무하는 아이나 나물 캐는 소녀들의 흥얼거리는 소리에 불과할 뿐 제대로·된 노래도 아니었다. 석개는 날이 저물면 빈 통으로 돌아왔다. 매를 맞아도 고치지 않고 다음날도 똑같이 하였다.

한번은 그를 시켜 약초를 캐오라고 하였다. 석개는 바구니를 들고 교외로 나가서는 바구니를 들판 가운데 놓아두고 자갈을 많이 주워서 노래 한 곡을 부를 때마다 돌멩이 하나씩을 바구니에 집어넣었다. 바구니가 가득 차면 이번에는 노래를 마칠 때마다 자갈을 밖으로 꺼냈다. 채우고 쏟기를 두세 번 하다보면 날이 저물어 바구니가 빈 채로 돌아왔다. 매를 맞아도 고치지 못하고 다음 날도 똑같이 했다.

　여성군이 그 이야기를 듣고 기이하게 여겨 노래를 배우게 했더니 그녀는 장안 제일의 명창이 되었다. 근래 100년 동안 그녀만한 명창이 다시없었다.

石介者, 礪城君宋寅之婢也. 顔如老玃, 眼如欌篘. 兒時自外方入, 充鈴下之役. 宋家豪貴, 戚里粉鉛, 朱翠之娥, 備左右應對, 不可勝記, 使石介戴木桶汲水, 石介之井, 掛桶井欄, 終日歌. 其歌不成腔調, 如樵童採女之謳, 日暮空桶而歸, 受笞猶不悛, 明日復如是. 又使之採藥, 持筐出郊, 措筐野田中, 多拾小石, 唱一曲, 投一石于筐, 筐旣盈, 遂曲出一石于田. 盈而復瀉者再三日, 日暮空筐而回, 受笞猶不悛, 明日復如是. 礪城聞而奇之, 使之學歌, 其歌爲長安第一唱. 近來百年間所未有.

◉── 심수경, 《견한잡록遣閑雜錄》

여성군 송인의 계집종 석개는 가무에 능하여 당시에 견줄 만한 이가 없었다. 영의정 홍섬이 절구 세 수를 지어주고 좌의정 정유길, 영의정 노수신, 좌의정 김귀영, 영의정 이산해, 좌의정 정철, 우의정 이양원과 내가 연이어 화창하고, 나머지 다른 재상들도 여럿 화답하여 드디어 두꺼운 시집을 이루었다.

礪城君宋寅婢石介善歌舞, 一時無雙. 洪領相暹作絶句三首贈之, 鄭左相惟吉·盧·領相守愼·金左相貴榮·李領相山海·鄭左相澈·李右相陽元及守慶連和之, 他餘宰相亦多和, 遂成巨卷.

◉── 박지원, 《연암집》 〈형언도필첩서〉

최흥효는 글씨를 잘 쓰기로 온 나라에 이름난 사람이다. 일찍이 과거시험장에 가서 답안지를 쓰다가, 왕희지의 필체와 비슷한 한 글자를 쓰게 되었다. 앉아서 종일토록 바라보다가 차마 제출하지 못하고 품에 안은 채 돌아왔다. 이는 얻고 잃음을 마음에 두지 않았다고 말할 만하다.

이징이 어려서 다락에 올라가 그림을 익혔는데, 집에서는 있는 곳을 모르다가 사흘 만에야 찾았다. 아비가 화가 나서 매를 때리자, 이징은 울다가 흘린 눈물을 찍어 새를 그렸다. 이는 그림에 영욕을 잊은 사람이라 할 만하다.

학산수는 노래를 잘하기로 온 나라에 유명한 사람이다. 산에 들어가 연습할 적에 노래 한 곡을 할 때마다 모래를 주워 신발에 던져 넣어서 신발이 모래로 가득 차야만 돌아왔다. 한번은 도적을 만났다. 그를 죽이려 했다. 바람결에 얹어 노래했더니 도적들이 감격하여 눈물을 흘리지 않는 자가 없었다. 이는 이른바 삶과 죽음을 마음에 들이지 않은 것이다.

崔興孝通國之善書者也. 嘗赴擧書卷, 得一字類王羲之. 坐視終日, 忍不能捨, 懷卷而歸. 是可謂得失不存於心耳. 李澄幼登樓而習畵, 家失其所在, 三日乃得. 父怒而笞之, 泣引淚而成鳥. 此可謂忘榮辱於畵者也. 鶴山守通國之善歌者也. 入山肄, 每一闋, 拾沙投屐, 滿屐乃歸. 嘗遇盜, 將殺之. 倚風而歌, 群盜莫不感激泣下者. 此所謂死生不入於心.

◉── 장지연, 《일사유사》 2권

우평숙의 자는 이형이요, 단양 사람이다. 용모가 기이하고 못생겼다. 젊어서 여러 소년과 함께 창기를 따라 술을 마실 때, 소년들은 모두 노래를 불렀지만 우평숙만 그러지 못하였다. 창기가 놀리면서 "용모가 그렇게 수려하고 재능조차 많으시니, 어찌 호미나 쟁기 잡고 농사짓는 일을 하겠어요!" 하였다. 우평숙이 매우 부끄럽게 여겨 분발하여 노래를 배웠다. 날마다 송악산 골짜기에 들어가 바람과 물소리 가운데에서 연습하였다. 오래되자 목구멍에서 핏덩이가 솟더니 이후로는 내는 소리가 매우 기묘해졌다.

禹平淑의 字而衡이오 丹陽人이니 貌奇醜 ㅎ야. 少時與諸少年으로 從娼飮홀시 諸少年은 皆唱歌 호더 而平淑은 獨不能이라. 娼이 靳曰: "貌旣婌 ㅎ고 又多能 ㅎ 니 豈合把鋤犁리오." 平淑이 以爲大慙 ㅎ야 發憤學歌홀시 日入松岳山谷 ㅎ야. 肄於風水聲中 ㅎ더니 久之에 喉中에 嘔血塊 ㅎ고 而出聲至妙라.

◉──《열자》〈탕문〉

정나라 사문이 이 말을 듣고 집을 떠나 사양의 문하에서 음악을 배웠다. 손가락으로 줄을 고르고 현을 당기며 연습한 지 3년이 지났으나 한 곡도 떼지 못하였다. 스승 사양이 말했다.

"자네는 집으로 돌아가는 것이 좋겠네."

사문은 거문고를 놓고 탄식하며 말했다.

"저는 줄을 당겨 음을 고르지 못하는 것도 아니요, 한 곡조를 연주할 수 없는 것도 아닙니다. 제가 보존하려는 것은 줄에 있지 않고, 뜻 둔 것은 소리에 있지 않습니다. 안으로 체득한 것도 없고 밖으로 악기에도 드러나는 것이 없는 까닭에 감히 손가락을 펴서 줄을 뜯지 않을 뿐입니다. 우선 잠시 시간을 주셔서 뒷일을 살펴봐주십시오."

얼마 후에 다시 사양을 뵈니 사양이 물었다.

"자네의 거문고 연습은 어떠한가?"

"오묘한 이치를 터득했습니다. 한번 타보겠습니다."

이때는 봄철이었는데 상현을 뜯어서 8월에 해당하는 남려의 소리를 내니 서늘한 바람이 갑자기 일고 초목들이 열매를 맺었다. 가을철이 되자 각현을 뜯어서 2월에 해당하는 협종의 소리를 내었더니 온화한 바람이 천천히 불어오고 초목들이 꽃을 피웠다.

鄭師文聞之, 棄家從師襄遊. 柱指鉤弦, 三年不成章. 師襄曰: "子可以歸矣." 師文舍其琴歎曰: "文非弦之不能鉤, 非章之不能成. 文所存者不在弦, 所志者不在聲. 內不得於心, 外不應於器, 故不敢發手而動弦. 且小假之以觀其後." 無幾何, 復見師襄. 師襄曰: "子之琴何如?" 師文曰: "得之矣. 請嘗試之." 於是, 當春而叩商弦, 以召南呂, 涼風忽至, 草木成實. 及秋而叩角弦, 以激夾鍾, 溫風徐迴, 草木發榮.

◉── 이륙李陸, 《청파극담青坡劇談》

종실 임성정은 예능에 뜻을 두어 거문고 연주로 당대 제일이 되었다. 세종이 말씀하시기를, "임성정의 거문고에는 독특한 가락이 있다. 다른 사람이 미칠 수 있는 경지가 아니다"라고 하기도 했다.

그의 집은 숭례문 밖에 있었다. 임성정은 매일 아침 일찍부터 대문간에 걸터앉아 두 손을 번갈아 들며 무릎을 쳤다. 이렇게 하기를 3년 동안 하였으나 남들은 그런 이유를 알지 못하고 다들 그가 미쳤다고 생각했다. 실은 장고를 연습한 것이었다.

얼마 뒤에는 입가에 손을 대고 손가락 놀리기를 밤낮으로 그치지 않았다. 찾아오는 사람이 있었으나 눈을 뜨고도 보지 못할 정도였다. 이와 같이 하기를 3년이나 하였다. 피리 부는 것을 연습했던 것이다.

宗室任城正有志於藝, 鼓琴爲當時第一手. 世宗嘗曰:"任城之琴, 自有別調, 非他人所及也." 其宅在崇禮門外, 每日早朝踞大門閾, 迭擧左右手以拊膝. 如是者三年, 人不喩其意. 皆以爲狂, 蓋學杖鼓也. 旣而傍口弄指, 晝夜不止. 人有謁者, 視而不見. 如是者三年. 蓋學吹笛也.

2. 시련: 눈먼 뒤에야 들리는 소리

◉── 유몽인, 만종재본 《어우야담》 3권 〈학예〉

김운란은 성균관 진사였다. 진사시에 합격한 후에 병을 앓아 두 눈의 시력을 잃었다. 선비가 음양복서陰陽卜筮를 배워 점치는 장님이 되는 것을 부끄럽게 여겨서 쟁을 타는 법을 배웠다. 솜씨가 신의 경지에 들었다.

한번은 달밤에 잠이 오지 않았다. 병이 나서 하늘의 해를 볼 수 없는 것과 다시는 과거시험에 나가 대과를 치를 수 없는 것, 또 음사로라도 벼슬길에 나설 수 없는 것, 보통 사람처럼 선비들과 왕래하며 교제할 수 없는 것 등을 슬퍼하면서 이 끝없는 슬픔을 쟁에 붙여 연주했다. 남산 기슭에 옛 사당이 있었다. 그 담장에 기대어 서너 곡조 연주하니, 곡조가 매우 서글펐다. 갑자기 사당 안에 있던 귀신들이 일제히 소리내어 크게 곡을 하니, 흐느끼는 소리가 마치 물 끓는 듯했다. 김운란은 크게 놀라 쟁을 들고 달아났다. 곡조가 오묘하여 귀신까지 감동시키기를 이처럼 한 것이다.

金雲鸞者, 城均進士也. 中進士後, 病眼喪雙明. 本以士人恥學陰陽卜筮爲瞽瞍事, 乃學彈箏, 以邑遣手法入神. 嘗月夜無寐, 自悲廢疾不見天日, 又不可更赴擧爲大科, 又不可求蔭任通仕路, 又不可齒平人往返士流爲交際, 以無限悲愁寓於箏. 傍

南山麓古祠堂, 倚墙作三四腔, 其聲甚悲楚. 忽有祠堂裡衆鬼齊聲大哭, 啾啾如

潑. 雲鸞大驚, 携箏而走. 盖聲調造妙, 能感鬼神而然也.

◉── 김부식, 《삼국사기》 48권 〈열전〉 8, 백결

백결 선생은 어떠한 사람인지 알 수 없다. 낭산 밑에 살았는데 집이 매

우 가난하여 옷을 100번이나 기운 것이 마치 메추라기 터럭과 같았다.

당시 사람들이 동쪽 마을 백결 선생이라고 불렀다. 일찍이 영계기의 사

람됨을 흠모하여 거문고를 가지고 다니면서, 기쁘고 화나며 슬프고 즐

거우며 불평스런 일을 모두 거문고로 표현하였다. 설을 앞둔 연말에 이

웃들이 방아를 찧었다. 아내가 그 방아 소리를 듣고 말했다.

"남들은 모두 곡식이 있어서 방아를 찧는데 우리는 없으니 무엇으로

설을 쇠겠습니까?"

백결 선생이 하늘을 우러러 한탄하면서 "대체로 죽고 사는 것은 운

명이고 부귀는 하늘에 달려 있는 것이오. 그것이 오는 것을 막을 수 없

고 가는 것을 붙좇을 수도 없지요. 그런데 부인은 어찌 속상해하는 것

이오. 내가 당신을 위해 방아 노래를 지어 위로해드리리다" 하더니 거문

고를 뜯어 방아 찧는 소리를 냈다. 세상에서는 이것을 〈방아타령〉이라

한다.

百結先生不知何許人. 居狼山下, 家極貧, 衣百結若懸鶉, 時人號爲東里百結先生.

嘗慕榮啓期之爲人, 以琴自隨, 凡喜怒悲歡不平之事, 皆以琴宣之. 歲將暮, 隣里

春粟. 其妻聞杵聲曰: "人皆有粟春之, 我獨無焉, 何以卒歲?" 先生仰天嘆曰: "夫

死生有命, 富貴在天. 其來也不可拒, 其往也不可追. 汝何傷乎? 吾爲汝, 作杵聲

以慰之." 乃鼓琴作杵聲. 世傳之, 名爲碓樂.

◉──《열자》〈천서〉

공자가 태산을 유람하다가 영계기가 성郕지방 들판을 거니는 것을 보았
다. 사슴가죽에 새끼줄로 띠를 맨 채 거문고를 두드리며 노래하고 있었
다. 공자가 그에게 물었다.

"선생께서 즐거워하는 까닭은 무엇입니까?"

"내가 즐거운 이유는 매우 많지요. 하늘이 만물을 낼 적에 오직 사
람이 가장 귀한 존재인데, 내가 사람으로 태어났으니 이것이 첫 번째 즐
거움이요, 남녀는 구별이 있어서 남자가 귀하고 여자는 천하다 하여 남
자를 귀하게 여기는데 나는 남자로 태어났으니 이것이 두 번째 즐거움
입니다. 사람이 세상에 나서 해와 달도 보지 못한 채 강보에서 죽는 이
도 있는데 나는 이미 90년을 살았으니 이것이 세 번째 즐거움입니다.
가난은 선비의 일상사요, 죽음은 사람의 당연한 마침입니다. 당연한 일
상에 처하여 당연한 마침을 하게 되었는데 어찌 근심하겠습니까."

공자가 말했다.

"참 좋은 말이다. 능히 스스로 넉넉할 수 있는 사람이로다."

孔子遊於太山, 見榮啓期行乎郕之野, 鹿裘帶索, 鼓琴而歌. 孔子問曰: "先生所以

樂, 何也?" 對曰: "吾樂甚多. 天生萬物, 唯人爲貴, 而吾得爲人. 是一樂也. 男女之

別, 男尊女卑, 故以男爲貴, 吾旣得爲男矣, 是二樂也. 人生有不見日月不免襁褓

者, 吾旣已行年九十矣. 是三樂也. 貧者士之常也, 死者人之終也, 處常得終, 當何

憂哉?" 孔子曰: "善乎? 能自寬者也."

◉── 서위, 〈답장태사答張太史〉

제게 보내주신 물건은 잘 받았습니다. 새벽에 눈까지 내려 술과 가죽옷
이 병증에 꼭 맞는 약이 되었습니다. 술은 아직 뱃속에 들어가지 않았
습니다. 다 마시고 나면 술독만은 돌려드리지요. 어린 양가죽으로 만든
조끼는 거친 베옷 입은 저 같은 사람이 늘 입을 옷이 아니니 추위가 물
러가면 햇볕에 잘 말려 돌려드리겠습니다. 서흥의 심부름꾼이 이렇게
말하더군요.

"바람도 신분 높은 나리 집에는 여름에만 지나가고 저희 집에는 겨
울에만 지나갑니다."

한 번 웃었답니다.

僕領賜至矣. 晨雪, 酒與裘, 對症藥也. 酒無破肚臟, 磬當歸橐. 羔羊半臂, 非褐夫
所常服, 寒退, 擬曬以歸. 西興脚子云: "風, 在戴老爺家過夏, 我家過冬." 一笑.

● ── 《삼국사기》 32권 〈악지樂志〉

가야의 가실왕이 당나라 악기를 보고 가야금을 만들었다. 왕은 여러
나라의 말은 각기 다르니 소리를 어찌 한 가지로만 할 수 있겠는가 하
면서, 성열현의 악사 우륵에게 열두 곡을 짓게 하였다. 나중에 나라가
어지러워지자 우륵은 악기를 들고 신라 진흥왕에게 투항하였다. 왕은
그를 받아들여 국원에서 편안히 거처하게 하였다. 또 대내마 주지와 계
고, 대사 만덕을 보내어 그 재주를 전수받게 하였다. 세 사람이 열두 곡
을 전해받은 후 서로 말하기를 "이것은 번다하고 음란합니다. 우아하고
바른 것이라고 할 수 없겠습니다"라고 했다. 그러고는 마침내 그것을 요
약하며 다섯 곡으로 만들었다. 우륵이 처음 들을 때는 화를 내었으나
다섯 곡을 다 듣고 나서는 눈물을 흘리고 탄식하며 말했다.

"즐거우면서도 방탕하지 않고, 애절하면서도 슬프지 않으니 '바르다'
고 할 만하구나. 너희가 왕 앞에서 그것을 연주하여라."

왕이 듣고 크게 기뻐하였다.

"加耶國嘉實王, 見唐之樂器, 而造之. 王以謂諸國方言各異聲音, 豈可一哉, 乃命

樂師省熱縣人于勒, 造十二曲. 後于勒以其國將亂, 携樂器, 投新羅眞興王. 王受

之, 安置國原, 乃遣大奈麻注知·階古·大舍萬德, 傳其業. 三人旣傳十二曲, 相謂

曰:"此繁且淫, 不可以爲雅正." 遂約爲五曲. 于勒始聞焉而怒, 及聽其五種之音,

流淚歎曰:"樂而不流, 哀而不悲, 可謂正也, 爾其奏之王前." 王聞之大悅.

3. 깨달음: 사소한 차이, 큰 결과

◉── 《신증동국여지승람新增東國輿地勝覽》 21권 〈경주부慶州府〉, 금송정琴松亭

옥보고는 신라 사찬 공영의 아들로 경덕왕 때 사람이다. 지리산 운상원
에 들어가 거문고를 배운 지 50년 만에 새로운 곡조 30곡을 만들어 연
주하니 검은 학이 와서 춤을 추었다. 마침내 현학금이라 이름 지었다.
또는 현금이라 하기도 한다. 세상에서는 옥보고가 선도를 깨달은 사람
이라고도 한다.

㈜寶高新羅沙粲恭永之子. 景德王時人也. 入智異山雲上院, 學琴五十年, 自製
新調三十曲, 彈之, 有玄鶴來舞, 遂名玄鶴琴, 又云玄琴, 世傳寶高得仙道.

◉── 이옥, 《봉성문여鳳城文餘》 〈가자송실솔전〉

송실솔은 한양의 가객이다. 노래를 잘 불렀는데, 특히 〈실솔곡〉을 잘 불
렀기 때문에 실솔이라고 불렀다. 실솔은 어려서부터 노래하기를 배웠다
가 소리가 트인 후로는 세찬 폭포수가 내리쬧는 것 같은 곳을 찾아 거
기에서 날마다 노래를 하였다. 한 해쯤 되자 오직 노랫소리만 있을 뿐
폭포 소리는 들리지 않았다. 또 북악산 꼭대기에 가서 그 아득함에 기

대어 황홀히 노래를 불렀다. 처음에는 곡조가 갈라져 하나로 융합되지 못하였다. 한 해쯤 지나자 회오리바람도 그 소리를 흩어버리지 못할 정도가 되었다.

이후로는 실솔이 방에서 노래하면 소리가 들보에 맴돌아 울리고 마루에서 노래하면 소리가 문에 있으며 배에서 노래하면 돛대를 떠돌고 시내나 산에서 노래하면 소리가 구름 사이를 맴돌았다. 징 소리처럼 굳세고 구슬처럼 맑으며 연기처럼 가벼워 구름에 가로 걸린 듯도 할 뿐 아니라, 꾀꼬리 울듯 곱고 용이 울부짖듯 진동하였다. 거문고와도 어울리고 생황이나 퉁소에도 어울려 그 묘한 소리를 다하였다. 안으로 옷깃을 여미고 관을 바로 하여 사람들 앞에서 노래하면 듣는 사람들은 모두 귀를 기울이고 허공을 쳐다보며 누가 노래하는지조차 알지 못할 정도였다.

宋蟋蟀, 漢城歌者也. 善歌, 尤善歌蟋蟀曲, 以是名蟋蟀. 蟋蟀, 自少學爲歌, 旣得其聲, 往急瀑洪春砯薄之所, 日唱歌. 歲餘, 惟有歌聲, 不聞瀑流聲. 又往于北岳巓, 依縹緲, 惝怳而歌, 始嘒析不可壹. 歲餘, 飄風不能散其聲. 自是, 蟋蟀歌于房, 聲在梁, 歌于軒, 聲在門, 歌于航, 聲在檣, 歌于溪山, 聲在雲間. 桓如鼓鉦, 皦如珠瓔, 嫋如烟輕, 逗如雲橫, 璨如時鶯, 振如龍鳴. 宜於琴, 宜於笙, 宜於簫, 宜於箏, 極其妙而盡之. 內斂衣整冠, 歌于衆人之席, 聽者, 皆側耳向空, 不知歌者之爲誰也.

◉──《한비자》〈유로喩老〉

조나라 양자가 왕오기에게 말 타는 법을 배웠다. 얼마 뒤에 왕오기와
함께 경주를 하였다. 세 번이나 말을 바꿔 했는데도 번번이 뒤처지자
양주는 말했다.

"그대가 나를 가르치되 말 타는 기술을 모두 전수하지는 않은 것 같
소."

왕오기는 다음과 같이 대답하였다.

"기술은 다 가르쳐드렸으나 그것을 사용하는 방법이 잘못되었습니다.
무릇 말 타는 것에서 중요한 것은 말의 몸이 수레에서 편안한 것과 사람
의 마음이 말과 조화를 이루는 것입니다. 그런 뒤라야 멀리까지 빨리 갈
수 있습니다. 지금 군께서는 저보다 뒤처지면 저를 따라잡으려 하시고
저보다 앞서면 저에게 따라잡힐까봐 걱정하십니다. 자고로 길을 따라 멀
리까지 가려고 경쟁할 때에는 앞서지 않으면 뒤처지는 것입니다. 앞서든
뒤떨어지든 그 마음은 오직 제게 있으니 군께서 어떻게 말과 조화를 이
룰 수 있겠습니까? 이것이 군께서 저보다 뒤처지는 까닭입니다.

趙襄主學御於王子期, 俄而與於期逐, 三易馬而三後. 襄主曰: "子之教我, 御術未
盡也?" 對曰: "術已盡, 用之則過也. 凡御之所貴, 馬體安於車, 人心調於馬, 而後
可以進速致遠. 今君後則欲逮臣, 先則恐逮於臣. 夫誘道爭遠, 非先則後也, 而先
後心皆在於臣. 上何以調於馬 此君之所以後也."

천하의 이른바 도술과 문장이라는 것은 부지런함으로 말미암아 정밀해지고, 깨달음으로 말미암아 이루어지지 않는 것이 없다. 진실로 깨닫기만 한다면 전에는 하나를 듣고 하나도 알지 못하던 사람이 열 가지, 100가지를 알 수 있게 되고, 예전에 멀리 천만 리 밖에 있던 것을 주변에서 만날 수 있게 되며, 옛날에는 알쏭달쏭하여 어렵던 것이 부드럽고 쉬워진다. 전에는 천만 권의 책에서 구하던 것이 한두 권이면 충분하게 되고 예전에는 법이니 규정이니 하던 사람이 이른바 법이나 판결 같은 것을 말하지 않게 된다. 기왓조각들을 금이나 옥처럼 만들기도 하고 한 되나 한 말을 한 부釜나 한 종鍾이 되게 하기도 하여, 들어가는 것도 끝이 없고 나오는 것도 다하지 않으니 정말 상쾌하지 않은가. 비록 그렇지만 깨닫는 도는 방법이나 모양이 없어서 손으로 쥘 수도 정확히 정할 수도 없다.

옛날에 성련은 파도가 용솟음치는 것을 보고 거문고를 연주하는 도를 깨달았다. 성련이 진실로 이렇게 하였다 해도 가령 다시 어떤 사람이 성련의 일을 흠모하여 거문고를 품에 안고 바다 파도가 용솟음치는 곳에 선다면 어떠하겠는가. 이른바 성련의 깨달음은 몇 년에 걸쳐 깊이 생각한 힘으로 이룬 것이지 하루아침 사이에 아무 이유 없이 이룬 것이 아니다. 그러니 깨달음으로 남을 권하는 것보다는 생각으로 남에게 권하는 것이 낫다. 연못에 가서 물고기를 부러워하는 것은 물러나 그물을

214

만드는 것만 못하고 도술 문장을 흠모하는 것은 우러러 한번 생각해보
는 것만 못하다.

天下之所謂道術文章者, 莫不由勤而精, 由悟而成. 苟能悟之, 則向之聞一而不
知一者, 可以知十百矣, 向之遠在千萬里之外者, 可以逢諸左右矣, 向之憂憂乎難
者, 可以油油然化爲易矣, 向之求之於千萬卷之書者, 一二卷而足矣, 向之言法言
訣者, 無所謂法訣者矣. 瓦礫可使爲金玉, 而升斗可使爲釜鍾, 入之無窮, 出之不
竭, 何其快矣. 雖然悟之之道, 無方無體, 不可以握, 不可以定. 昔者成連見海波
之洶湧, 而悟琴之道. 成連固如此矣, 假令復有人慕成連之事, 而抱琴更立於海波
洶湧之際, 則當何如哉. 夫成連之悟, 乃屢年深思之力之所爲, 而非一朝之間, 無
故而致者. 故與其勸人以悟, 毋寧勸人以思, 臨淵羨魚, 不如退而結網, 慕道術文
章, 不如仰而一思.

◉── 이방李昉, 《태평어람》 578권 〈악부 16〉, 금중琴中

거문고의 명인이었던 백아는 성련 선생에게서 거문고를 배웠다. 배운 지
3년이 되어도 이루지를 못했다. 정신을 고요하게 하고 감정을 집중해도
마찬가지였다. 그러자 성련은 "나의 스승 방자춘이 지금 동해 가운데 있
는데 능히 사람의 정을 변화시킬 수 있다" 하고 백아와 함께 찾아 나섰
다. 봉래산에 이르러 백아를 묵게 하고는 말하기를 "너는 여기서 연습하

고 있어라. 나는 스승님을 맞아야겠다"하더니 배를 저어 가서는 열흘
이 넘도록 돌아오지 않았다. 백아가 가까운 곳을 둘러보았으나 사람은
없고 바닷물이 부딪치며 흘러가고 무너지듯 꺾이는 듯하는 소리만 들
렸으며, 쥐 죽은 듯 고요하던 숲 속에서 새 떼들이 슬피 울부짖었다. 백
아는 처연한 심정으로 탄식하며 "선생님께서 나의 정情을 변화시키려
거문고를 주어 노래하게 하시는구나"하고는 거문고를 가져다 노래를
불렀다. 곡이 끝나자 성련은 돌아왔다. 이후로 백아는 드디어 천하의 절
묘한 솜씨를 이루었다.

樂府解題曰: 水僊操伯牙學琴於成連先生, 三年不成, 至於精神寂寞情之專一尙
未能也. 成連云, "吾師方子春, 今在東海中, 能移人情." 乃與伯牙俱往. 至蓬萊山,
留宿伯牙, 曰: "子居習之. 吾將迎師." 刺船而去, 旬時不返, 伯牙近望無人, 但聞海
水汩滑崩折之聲, 山林窅寞, 群鳥悲號. 愴然而嘆曰: "先生將移我情." 乃援琴而
歌. 曲終, 成連回刺船迎之而還, 伯牙遂爲天下妙矣.

제2부 미천한 꾼을 명인으로 만든 힘

1. 원칙: 꼭 하는 것과 절대 하지 않는 것

◉── 안민영, 《금옥총부》 157번 〈가마귀 속 흰 줄 모르고……〉

내가 고향 집에 있을 때 이천 오위장 이기풍이 퉁소 〈신방곡〉 명창인 김
식을 시켜 가기 하나를 데려오게 했다. 이름을 물으니 금향선이라 했다.
외모가 추악하여 상대하고 싶지 않았으나 당대의 이름 있는 명창이 지
목하여 보낸 사람이기에 홀대하기는 어려웠다. 그래서 여러 벗을 청하
여 산사에 올랐다. 사람들은 그녀를 보고 모두 얼굴을 가리고 비웃었
다. 그러나 춤을 추기 시작한 터라 중지하기 어려우므로 그녀에게 시조
창을 청하니 그녀가 용모를 단속하고 단정히 앉아 "창오산 무너지고 상
수 끊겨……" 구절을 부르는데, 그 소리가 애절하고 원망하는 듯도 하며
처절하기까지 하여 구름이나 먼지도 감동할 지경이라 좌석의 모든 사
람 가운데 눈물을 흘리지 않는 이가 없을 정도였다. 시조창 3장을 부른
후에 이어서 우조와 계면조 한 편을 부르고 또 잡가도 불렀다. 모홍갑牟

興甲이나 송흥록宋興祿 같은 명창의 격조도 이보다 더 낫지 못할 것 같으니, 진실로 세상에 다시없을 명인이라 할 만했다. 좌석의 모든 사람들이 눈을 씻고 다시 보니 조금 전의 추악한 모습은 온데간데없고 이제는 갑자기 아름다워 보였다. 비록 옛 미인인 오나라 여인이나 월나라 여인이라 하더라도 이보다 낫지 못할 것 같았다. 자리에 있던 젊은이들이 모두 눈을 들어 정을 보내었다. 나도 감정을 억제하기 어려워 남보다 뒤질세라 눈길을 보냈다. 대저 외모로 사람을 취하지 말아야 한다는 것을 이때에 새삼스레 깨달았다.

余在鄕廬時, 利川李五衛將基豐, 使洞簫神方曲名唱金君植, 領送一歌娥矣. 問其名則曰錦香仙也. 外樣醜惡, 不欲相對, 然以當世風流郎指送, 有難忍. 然則請某某諸友, 登山寺, 而諸人見厥娥, 皆掩面而笑. 然旣張之舞, 難以中止, 第使厥娥請時調, 厥娥斂容端坐, 唱梧山崩湘水絶之句, 其聲哀怨凄切, 不覺遏雲飛塵, 滿座無不落淚衣. 唱時調三章後, 續唱羽界面一編, 又唱雜歌, 牟宋等名唱調格, 莫不透妙, 眞可謂絶世名人也. 座上洗眼更見, 則俄者醜惡, 今忽丰容, 雖吳姬越女, 莫過於此矣. 席上少年, 皆注目送情, 而余亦難禁春情, 仍爲先着鞭. 大抵不以外貌取人, 於是乎始覺云耳.

◉── 안민영, 《금옥총부》 124번 〈섯츤 곱다마는……〉

내가 전주 가는 길에 그곳 기생 설중선이 남방 제일이라는 소문을 듣고
가서 한번 보니 과연 소문대로였다. 나이 열여덟쯤에 피부는 눈 같고 얼
굴은 꽃 같아 매우 사랑할 만하였다. 하지만 노래나 춤에 재주가 없고
잡기에만 능하였으며, 성품도 표독스럽고 얼굴만 믿고 남에게 예의도
지킬 줄 몰라서 다만 따르는 자라고는 창부뿐이었다.

余於全州之行, 聞府妓雪中仙爲南方第一, 往見之則果如所聞, 年可二九, 雪膚花
容極可愛. 然全昧歌舞, 能於雜技, 性本悍毒, 專恃容色, 無侍人之禮, 但相隨者
唱夫云爾.

◉── 성대중, 《해총》 4책 〈개수전〉

한양성에 거지는 항상 수백에 달하는데, 그들의 법도로는 한 거지를 택
하여 꼭지딴으로 삼고 행동거지와 모이고 흩어지는 것을 모두 그의 명
령에 따라 조금도 어기지 않는다. 아침저녁으로 구걸해온 것을 모아 그
를 정성껏 봉양하니 꼭지딴의 기거는 편안하였다.

영조 경신년에 크게 풍년이 드니 상께서는 전국에 영을 내려 잔치를
배설하여 즐기게 하였다. 용호영의 음악은 5영 가운데 으뜸이었다. 이씨
성을 가진 자가 우두머리로 있었는데 그를 패두라고 하였다. 평소 호방

하다는 소문이 나서 한양의 배우와 기생 들이 모두 그의 밑으로 왔다. 이때에 금주령이 매우 엄하게 시행되고 있었으므로 어떤 잔치건 기악에 의존하고 있었다. 용호영의 음악을 동원할 수 있는 것은 우수한 잔치고 그렇지 못하면 부끄러운 잔치처럼 여겼다. 이 패두는 잦은 부름에 피곤할 지경이었다. 어느 날 아프다는 핑계로 집에 있는데 갑자기 어떤 한 거지가 와서 전했다.

"꼭지딴 ○○○가 패두 님에게 간청합니다. 지금은 임금의 명으로 온 백성이 함께 즐기는 좋은 시절입니다. 소인들이 비록 거지라고 하나 나라의 백성이기도 하니 여기에 빠질 수 없지요. ○○일에 저희가 연융대에 모여 잔치를 하려고 하니, 패두께서는 수고로우시겠으나 풍악으로 흥취를 돋우어주기를 청합니다. 소인이 그 덕을 잊지 않겠습니다."

패두는 크게 노하여 욕하며 말했다.

"서평군이나 낙창군이 불러도 내가 가지 않는 판인데 어찌 거지를 위하여 풍악을 울리랴."

종을 불러 쫓아내니 거지가 실실 웃으며 갔다. 패두는 더욱 화가 나 혀를 차면서 말했다.

"우리 음악이 천시되기가 이 지경에 이르렀단 말인가. 거지가 나를 부리려고 하다니."

조금 후에 대문을 두드리는 소리가 매우 크게 났다. 패두가 나가서 보니 다 찢어진 옷을 입고 있으되 기골은 장대한 사람이 왔다. 그 꼭지딴이었다. 눈을 부라리며 패두에게 말했다.

"패두 이마는 구리 이마며, 패두 집은 물로 된 집이오? 우리 무리가 수백 명인데다 성 각지에 흩어져 있어서 순라꾼들도 어찌하지 못하오. 몽둥이 하나에 횃불 하나면 되는데 패두가 무사할 법하오? 어찌 우리를 이렇게 무시한단 말이오."

패두는 오래도록 풍각쟁이로 놀던 사람이라 항간의 일에 능숙하여, 이내 웃으며 말하였다.

"자네야말로 진정 남자일세. 내가 알지 못하여 아까 잘못했네. 이제는 자네의 말에 따르겠네."

꼭지딴은 말하였다.

"내일 아침을 먹은 후에 공은 기생 ○○○와 악공 ○○○를 거느리고 총융청 앞 계단 쪽으로 와서 크게 풍악을 차려주시오. 약속을 어기지 마시오."

패두가 웃으며 그러마 했다. 꼭지딴은 뚫어져라 처다보더니 갔다. 패두는 곧 자신의 무리를 불러 모으고 거문고·피리·생황·북 등을 각기 새로 가지고 오라 하였다. 유명한 기생 여러 명이 모두 와서 어디로 가느냐 물으니 패두가 웃으며 말했다.

"그저 나만 따라오라."

약속한 곳에 이르러 말했다.

"여기에서 풍악을 울리자."

악기들이 일제히 소리를 내고 기생들이 모두 춤을 추었다. 이때 거적을 둘러쓰고 새끼로 허리를 동여맨 무리들이 모여오니, 마치 개미가 구멍에서 나오는 듯했다. 춤추다 노래하고 노래하다 다시 춤추면서 "좋구나, 좋아. 우리에게 이런 날이 있다니" 하는 것이었다. 꼭지딴은 높은 곳에 앉아 참여하면서 매우 득의양양하였다. 기생들은 모두 비웃기를 그치지 않았으나 패두가 눈짓하며 말하였다.

"웃지 마라. 저 꼭지딴은 나도 죽일 수 있는데 하물며 너희들이랴."

해가 저물어가자 거지들은 차례로 앉아 각기 자루에서 무언가를 꺼내는데 어떤 이는 고깃덩이를 내고 어떤 이는 떡덩이를 내니 다들 잔칫집에서 구걸해온 것이었다. 깨긴 기와에 담거나 풀잎에 싸서는 다들 나와 말했다.

"소인들이 잔치를 할 것이니 나리들께서 먼저 드십시오."

패두는 웃으며 말했다.

"내가 자네들을 위해 음악은 해줄 수 있지만 자네들 음식을 받을 수는 없구나."

거지들이 웃으며 말했다.

"나리들께서는 귀한 분들이니 빌어온 음식은 드시고 싶지 않겠지요. 그럼 저희가 다 먹겠습니다요."

패두는 가무와 풍악으로 더욱 잔치를 돋우어주게 하였다. 먹는 잔치가 끝나자 거지들이 다시 일어나 춤을 추었다. 조금 후에 또 과자 부스

러기들을 내어 여러 기녀에게 주면서 "노고에 보답할 게 없습니다. 집의
어린아이에게나 가져다주십시오" 하였지만 기녀들은 모두 거절하였다.
거지들이 또 다 먹고 절하며 감사해했다.

"여러분 덕에 포식합니다요."

저녁이 되자 꼭지딴이 앞으로 나와 인사를 하였다.

"우리가 이제 저녁 구걸을 가야 할 시간입니다. 여러분의 수고에 감사
드립니다. 다른 날 길에서 만납시다."

거지들이 모두 흩어졌다. 기생들은 다들 쫄쫄 굶어 패두를 원망하는
데, 패두는 탄식하며 말했다.

"내가 오늘에서야 처음으로 진짜 사나이 하나를 보았다."

나중에 거지를 만나면 문득 속으로 그가 떠올랐지만 끝내 그 꼭지
딴을 다시 만나지는 못하였다.

都下丐者, 歲常數百人, 其法擇一丐, 以爲帥, 行止聚散, 一聽其令, 無敢少違, 朝
夕聚其所丐, 奉饋帥惟謹, 帥居之自如.

英廟庚辰大稔, 上命中外設宴以娛. 龍虎營樂, 冠於五營, 有李姓者爲之首, 號曰
牌頭, 素以豪擧稱, 都下倡妓皆附焉. 時酒禁方嚴, 上下宴專以妓樂相尙, 得龍虎
營樂者, 爲雋, 不得者, 以爲恥. 李疲於招邀, 或托病在家, 忽有一丐至, 請曰: "丐
之帥某, 敬告牌頭, 幸國家有命, 萬民同樂, 小人雖丐, 亦國民也. 方以某日, 集群
丐宴於鍊戎臺, 敢勞牌頭助樂, 小人不敢忘德." 李大怒叱曰: "西平洛昌之招, 吾

猶或不赴，豈爲丐者樂哉.” 呼其僕逐之，丐嘻笑去. 李逾益慣咤曰:“吾不圖爲樂之賤，至于斯也，丐乃欲役我.” 已而，叩門聲甚厲，李出視之，衣袴盡破，而軀幹甚壯，乃丐帥也. 瞪目視李曰:“牌頭能銅額而水舍乎. 吾徒數百人，散在城中，微巡不問也. 一棒一燧，牌頭能保無事乎. 何藐視我太甚.” 李故以樂狎遊，習巷曲閭事，乃笑應曰:“子誠男子，我不知，故誤. 今則惟子言之從.” 丐帥曰:“明日早食後，公與某妓某工，至摠戎廳前階，大張樂，勿違期.” 李笑應曰:“諾.” 帥熟視去.

李乃盡招其徒，琴笛笙鼓，各以新具至，名妓數輩來，請所之，李笑曰:“第隨我.” 至期處曰:“作樂.” 衆樂皆作，妓皆舞. 於是，藁衣索帶，群而會者，如蟻之集于垤也. 舞止輒歌，歌止復舞曰:“樂哉樂哉! 吾屬亦有一日.” 丐帥據高座臨之，意得殊甚. 妓皆駭笑不止，李昫止之曰:“勿笑. 彼帥能殺我，況若耶.” 日且晡，衆丐以其次坐，各探其帒，或出一臠肉焉，或出一塊餅焉，皆宴家之所乞也，盛以破瓦，薦以編草，雜進之曰:“小人方宴，敢先饋諸公.” 李笑曰:“吾能爲君樂，不能受君之饋.” 丐笑拜曰:“公等貴人，其肯嘗丐食乎，請爲君盡之.” 李益令妓奏樂侑宴，宴罷，丐焉復起舞. 少焉，又出其殘果敗蔬，以遺群妓曰:“無以報勞，請以饋公之稚子幼孫.” 妓皆謝却之. 丐又盡啜已，拜謝曰:“賴諸公飽矣.” 向夕，丐帥前拜曰:“吾徒方求夕食，敢謝諸公之勞，他日見諸道路.” 皆散去.

衆妓，皆飢困恚李，李嘆曰:“吾今日，始覩快男子也.” 後遇丐者，輒心識之，竟不得見其帥焉.

2. 인품: 사람을 품는 소리

◉── 어숙권, 《패관잡기》 4권

관현악기에 노래와 시를 올리는 것은 솜씨가 신묘한 사람이 아니면 할 수 없다. 우리나라의 소리는 중국의 그것과 달라서 전하는 속악이 반드시 모두 절주에 맞지는 않는다. 정덕正德 연간에 악공 강장손이란 사람이 있었는데 당시에 거문고를 잘 연주한다고 이름이 났다. 그가 〈귀거래사〉 곡조를 창작하여 연주하니, 민간의 음악을 배우는 사람들이 자못 많이 그 악보를 전하였다.

찬성 이장곤은 음률을 깨우쳐 장악원 제조가 되었다. 하루는 장악원에 앉아 강장손에게 〈귀거래사〉를 연주하게 하였다. 겨우 한두 줄 연주했을 때, 끌어내려 곤장 80대를 치라 하며 말했다.

"네가 어찌 감히 마음대로 거짓 음악을 만들어 사람들을 미혹시키느냐?"

강장손이 이로 인해 죽으니 〈귀거래사〉 곡조가 끝내 끊어지고 말았다.

被歌詩於絃管, 非手之神妙者不能也. 本國之音, 與中國殊異, 所傳俗樂, 未必皆合於節奏. 正德年間, 有樂工姜長孫者, 以善琴名於一時. 創奏歸去來辭, 閭閻學樂者, 頗傳其譜. 李贊成長坤曉音律, 爲掌樂院提調. 一日, 坐院, 使長孫鼓歸去來辭. 纔弄一再行, 令捽下杖八十棍, 曰: "汝何敢擅作僞樂以惑衆人乎." 因而身死, 歸去來辭遂絶.

◉── 조수삼, 《추재기이》〈김금사金琴師〉

거문고 연주자 김성기는 왕세기에게 거문고를 배웠는데, 새 곡조를 만날 때마다 스승 왕세기가 번번이 숨기고 전수해주지 않았다. 김성기는 밤마다 스승의 집 창 앞에 가서 귀를 대고 몰래 들었다. 다음 날 아침이면 틀림없이 잘 옮겨낼 수 있었다. 왕세기가 이것을 의심하여 밤에 거문고를 타다가 곡조가 진행되는 중간에 갑자기 창문을 밀치니 김성기는 놀라 땅바닥에 자빠졌다. 왕세기가 김성기를 매우 기특하게 여겨 얻은 것들을 모두 그에게 전수해주었다.

琴師金聖器, 學琴於王世基. 每遇新聲, 王輒秘不傳授. 聖器夜夜, 來附王家窓前窃聽, 明朝能傳寫不錯. 王固疑之. 乃夜彈琴, 曲未半, 瞥然推窓, 聖器驚墮於地. 王乃大奇之, 盡以所著授之.

◉── 성현, 《용재총화》 8권

대제학 박연은 영동지방 유생으로, 젊었을 때에 향교에서 학업을 익히고 있었다. 이웃에 피리 부는 사람이 살고 있어서 박연은 책을 읽는 여가에 피리도 겸하여 배웠다. 온 마을 사람들이 그가 피리를 매우 잘 분다고 추천할 정도가 되었다.

박연이 과거시험에 응시하러 한양에 왔다가 이원의 솜씨 좋은 광대를 보고 교정을 청하였다. 광대가 크게 웃으며 말했다.

"음절이 상스럽고 절주에 맞지 않은데다 옛 버릇이 굳어져 고치기가 어렵겠습니다."

그러나 박연은 다음과 같이 말했다.

"비록 그러하나 가르침을 받고 싶습니다."

그러고는 날마다 부지런히 다녔다. 며칠 후에 광대가 소리를 들어보고 말했다.

"먼저 배운 사람들을 가르칠 만합니다."

또 며칠 후에 들어보더니 다음과 같이 말했다.

"법도가 이미 이루어졌습니다. 앞으로 대성할 수 있겠습니다."

또 며칠 만에는 자기도 모르는 사이에 무릎을 꿇고 말했다.

"제가 따라갈 수 없겠습니다."

그 뒤 박연은 과거에 급제하였다. 또 거문고·비파 등 여러 악기를 익혀 정묘하지 않은 것이 없더니 세종 임금에게 알아줌을 얻었다. 마침내 관습도감의 제조로 발탁되어 음악에 관한 일을 전담하였다.

朴大提學堧, 永同儒生也. 少時肄業於鄕校, 隣有吹笛者, 提學讀書之暇, 兼習笛, 一鄕皆推爲善手. 提學來赴擧於京師, 見梨園善伶而校之, 伶大笑曰: "音節俚鄙, 不中節奏, 舊習已成, 難以改轍." 提學曰: "雖然, 願承敎." 日日往來不懈. 數日伶聞之曰: "先輩可敎." 又數日聞之曰: "規範已成, 將至大達." 又數日, 不覺屈膝曰: "予不可及也." 其後登第, 又習琴瑟諸樂, 無不精妙, 遇知於世宗, 遂加擢用, 爲慣習都監提調, 專掌樂事.

◉── 장지연, 《일사유사》 2권

왕석중은 음감을 타고났을 뿐더러 소리도 매우 맑았다. 다른 사람이 노래하는 것을 한 번만 들으면 물러나 곧 남에게 전할 수 있을 정도였으나 실은 누구에게도 배운 적이 없었다. 일찍이 한 가객이 개성을 지나다가 왕석중의 노래를 들었다. "좋구나!" 하더니 조금 있다가 "아깝도다! 솜씨가 아직 미치지 못한 데가 있구나" 하였다. 가객이 대신 노래하면서 왕석중에게 살피게 하니 왕석중은 노래가 채 끝나기도 전에 깨우쳤다고 하였다. 그래서 노래를 부르게 하고 가객은 퉁소로 화음을 맞추니 듣는 사람들이 모두 비처럼 눈물을 흘려 옷을 적셨다.

錫中은 天性이 曉音ᄒ고 聲又極淸ᄒ야 一聞人歌ᄒ면 退而傳之호디 實未嘗學也라. 嘗有一歌者過開城이러니 聞錫中歌ᄒ고 曰善哉라 旣而曰惜乎라. 人

工이 有未至라ᄒ고 代爲之唱ᄒ고 而使審之러니 未半에 錫中日已得矣라. 因
度之어ᄂᆞᆯ 歌者以簫和之ᄒ니 泣下沾襟如雨러라.

◉── 이덕무, 《이목구심서》

어떤 사람이 나를 경계하여 말했다.

"옛날부터 한 가지 작은 기예를 갖게 되면 그때부터는 눈 아래 뵈는
사람이 없게 된다. 한쪽으로 치우친 견해를 스스로 믿어서 문득 남을
업신여기는 마음이 생겨난다. 그러면 작게는 몸에 욕이 모이고, 크게는
재앙이 뒤따른다. 요즘 자네가 날마다 글자의 사이에 마음을 두고 있으
니 남을 업신여길 밑천을 만들려 힘쓰는 것인가?"

내가 손을 모으며 말했다.

"감히 경계로 삼지 않겠는가."

人有戒余曰: "終古挾一小技, 始眼下虛無人, 自信一偏之見, 渤有凌人之心. 小則
罵詈叢身, 大則禍患隨之. 今子日留心於文字之間, 務爲凌人之資耶?" 余斂手曰:
"敢不戒."

3. 지기: 알아줄 이를 얻었을 때 완성되는 예술

◉──《몽구蒙求》〈백아절현伯牙絶絃〉

《열자》에 다음과 같은 내용이 있다.

"백아는 거문고를 잘 탔고 종자기는 듣기를 잘하였다. 백아가 거문고를 타면서 그 뜻을 높은 산에 두면 종자기는 '좋구나! 높고 높은 태산과 같구나' 하였고, 뜻을 흐르는 물에 두면 종자기는 '좋구나! 넓고 넓은 황하나 양자강 같구나' 하였다. 백아가 생각한 것을 종자기는 반드시 알아차렸다."

《여씨춘추》에서는 이렇게 썼다.

"종자기가 죽자 백아는 거문고를 부수고 줄을 끊어버린 후 죽을 때까지 다시는 거문고를 켜지 않았다. 연주해줄 만한 사람이 없다고 여겼기 때문이다."

列子曰: 伯牙善鼓琴. 鍾子期善聽. 伯牙鼓琴, 志在高山, 子期曰: "善哉, 峨峨乎若泰山." 志在流水, 子期曰: "善哉, 洋洋兮若江河." 伯牙所念, 子期必得之. 呂氏春秋曰: "鍾子期死, 伯牙破琴絶絃, 終身不復鼓琴, 以爲無足爲鼓者."

◉── 심노숭, 〈계섬전〉

태학사 이정보가 늙어 관직을 그만둔 후 음악 하는 광대를 키우는 것을 낙으로 삼았다. 공은 음악에 조예가 깊어 남녀 명창들이 그의 문하에서 많이 배출되었다. 계섬을 가장 사랑하여 늘 곁에 두었으니 그의 재능을 기특히 여긴 것이지 실제로 사사로이 좋아한 것은 아니었다. 악보에 따라 배우면서 몇 년의 과정을 마치니 그녀의 노래가 더욱 향상되었다. 노래를 할 때에, 마음은 입을 잊고 입은 소리를 잊어서 소리가 웅웅 집안 들보에 울렸다. 그래서 온 나라에 유명해졌다. 지방의 기생들이 한양 관아에 소속되어 노래를 배울 때에는 다들 계섬에게 몰려들었고, 학사 대부 중에도 노래와 시로 계섬을 칭찬하는 이들이 많았다. 계섬이 이공의 집에 있을 때 원시랑이 문안하러 올 때마다 이공에게 부탁하여 계섬이 돌아오도록 설득해달라 하였을 뿐 아니라, 여러 번 강요하기까지 했으나 그녀는 끝내 따르지 않았다.

이공이 죽자 계섬은 마치 부친상을 당한 것처럼 곡을 하였다. 그때 궁궐에 큰 잔치가 있었다. 담당 부서를 설치하고 여러 기생들이 날마다 모여 연습을 하였다. 계섬은 아침저녁으로 오가면서 공의 제사음식을 살폈다. 담당 관청과 공의 집은 거리가 멀었다. 관리들은 계섬의 수고로움을 걱정하면서 번갈아 말을 빌려주며 관청까지 타고 오게 하였다. 또 곡을 하다 목소리를 잃을까 걱정들을 하니 계섬은 곡도 못하고 훌쩍거리기만 하였다. 장례를 마치자 안줏거리를 마련하여 공의 묘소로 달려가 술을 올렸다. 술 한 잔에 노래 하나, 곡 한 번 하기를 반복하다가 날이 저물면 돌아오곤 하였다.

太史李公鼎輔老休官, 聲伎自娛. 公妙解曲度, 男女諸善唱者, 多出門下. 最愛纖, 常置左右, 奇其才, 實無私好. 按譜敎授, 有科程數年, 歌益進. 當唱, 心忘口, 口忘聲, 聲裊裊在屋樑, 於是, 名振國中. 州郡妓, 籍京司, 來學唱, 以纖歸. 學士大夫多爲歌詩道之. 纖在李公家, 元侍郎每候公, 乞公勸纖歸, 屢强, 纖不從. 李公歿, 纖哭之如喪父. 時國家進內宴. 設局, 諸妓日聚局肄伎. 纖往來朝夕, 視公饋奠. 局去公第遠, 諸局郞悶其勞, 約遞借馬, 騎之局中. 又憂其哭失音, 纖不哭而泣. 旣葬, 治肴漿, 走省公墓奠, 一盃一歌一哭, 終日而歸.

◉── 조성기, 《졸수재집拙修齋集》 7권 〈답임덕함서答林德涵書〉
남들이 알아주지 않으면 하늘이 알아줄 것이고, 한 세상의 사람들이 알아주지 않으면 천만세 뒤의 사람이 알아줄 것입니다. 한 세상의 사람들이 떼로 모여 비난하며 나를 받아주지 않아도 천만세 뒤의 사람들은 여기서 놀라며 깊이 깨닫고 일어날 것입니다.

人雖不知而天必知之, 一世之人雖不知之, 而千萬世之人必知之, 一世之人雖群譏衆咻不容其身, 而千萬世之後人必惕然甚悟感發.

◉── 박지원, 《방경각외전放璃閣外傳》〈광문자전〉

장안에 이름난 기생이 아무리 예쁘고 우아해도 광문의 입에서 칭찬이
나오지 않으면 그는 전혀 가치가 없었다.

어느 날 우림아와 궁궐의 별감과 부마도위의 집에서 일하는 청지기
가 기생 운심을 찾아갔다. 운심은 당시 이름난 기생이었다. 방에 술상을
차리고 장고·거문고 등을 갖추어 운심에게 춤추기를 부탁하였다. 그러
나 운심은 일부러 미루며 춤을 추려 하지 않았다.

이때 광문이 와서 그 방 아래를 오가더니 마침내 자리에 들어왔다.
그가 제 마음대로 상좌에 앉는데, 옷은 비록 다 떨어졌지만 행동거지는
거리낌 없이 당당했다. 눈가는 짓물러 눈곱이 덕지덕지 붙었고 술에 취
한 듯 머리는 다 헝클어져 있었다. 자리에 있던 모든 사람들이 어이없어
하며 서로 눈짓하며 그를 쫓아내려 하였다. 광문은 더욱 앞으로 가서 앉
더니 무릎을 치며 장단을 맞추고 콧노래로 곡조를 흥얼거렸다. 그러자
운심은 일어나 옷매무새를 바로잡고 광문을 위하여 칼춤을 추었다. 자
리에 있던 모든 사람들이 즐겁게 놀고는 광문과 친구가 되어 돌아갔다.

漢陽名妓, 窈窕都雅, 然非廣文聲之, 不能直一錢. 初羽林兒·各殿別監·駙馬都
尉傔從, 垂袂過雲心. 心名姬也. 堂上置酒鼓瑟, 屬雲心舞, 心故遲, 不肯舞也. 文
夜往, 彷徨堂下, 遂入座. 自座上座, 文雖弊衣袴, 擧止無前, 意自得也. 眥膿而眵,
陽醉噦, 羊髮北髻, 一座愕然, 瞬文欲毆之, 文益前坐, 拊膝度曲, 鼻吟高低, 心卽

起更衣, 爲文劍舞, 一座盡歡, 更結友而去.

◉── 손승은, 〈동군전〉

한나라 때 어떤 사람이 그를 가져다가 땔감으로 쓰려 했다. 채옹이 마침 그곳을 지나다가 비명을 듣고 급히 구하여 데려왔다. 채옹이 장난으로 "내가 아니었으면 자네는 재가 되어버렸을 게야" 하고는 그를 데리고 다녔다. 그의 옷깃에 불탄 흔적이 있으므로 초동씨로 불린다.

漢時, 有得之俾供爨者, 蔡邕偶過之, 聞其悲鳴, 急邀以歸. 邕戲之曰: "微余子其燼乎." 因提挈之. 見其裾有爇迹, 因號爲焦桐氏.

◉── 성해응, 《연경재전서硏經齋全集》 9권 〈쌍절금기〉

충문공 성삼문의 집은 백악산의 기슭에 있고 충정공 박팽년의 집은 목멱산 자락에 있었다. 두 분이 나란히 심은 소나무가 있었는데 울창하게 서로 바라다보이기도 했다. 전에 두 공의 집안에 뒤집혀 아이까지 모두 죽임을 당하고 집안도 몰수될 때에 저 두 소나무만은 보존되었으니 아마도 두 공이 비록 돌아가시나 그 시대 사람들이 이를 불쌍히 여겨서 손때 묻은 것을 보존하여 보호한 까닭인 듯하다. 그렇지 않았다면 즉시 베어버리기 쉬웠을 테니 어찌 무성하게 자랄 수 있었으랴. 그 후 300여 년만에 장릉께서 복권되시고 사육신도 결백함을 인정받아 제사를 올려 분향하게 되고 시호가 내려졌다. 정조 신해년에 장릉배향단을 설치하여 장릉을 위하여 순절한 모든 이를 함께 분향하게 되었다. 이때에야 표창에 여한이 없게 된 것이다. 두 소나무가 우뚝 서서 굴욕과 신원의 순간을 시종일관 다 보더니, 소나무도 수명이 다 되었는지 경신년에 남쪽 소나무에 비바람에 꺾이고 북쪽 소나무도 말라 죽었다. 이때가 정조께서 돌아가시던 해다. 돌아가신 아버님께서 두 소나무의 재료를 구하여 거문고를 만드시고 이름 짓기를 쌍절금이라 하셨다. 시험 삼아 튕겨보니 기이한 소리가 났다. 내가 일찍이 조용히 들어보니 맑고도 굳세고 곧아서 두 공의 모습을 보는 듯하였다.

忠文成公家白岳之麓, 忠正朴公家木覓之趾, 並有手植松, 蔚然相望, 始二公家覆, 戮及嬰孩, 家宅沒官, 彼二松者獨存, 豈二公雖殘滅, 時人憐之, 拊其所手澤而庇護之耶. 不然卽芟夷之易, 而安得繁茂也. 其後三百餘年, 莊陵復, 六臣得白, 俎豆而享之, 節惠而褒之, 正宗辛亥, 設莊陵配食壇, 凡爲莊陵殉身者並享之. 於是表章無餘憾矣. 二松者特立, 備見其終始屈伸之際, 松亦壽矣, 庚申南松爲風雨所折, 而北松亦萎死, 乃正宗禮陟之歲也, 先君子得二松材, 合而爲琴, 命之曰雙節琴. 試鼓之, 有異音發焉. 嘗悠然而聽, 淸厲孤直, 庶幾得二公之狀.

4. 애정: 사랑하면 알게 되고

◉── 정약용, 《다산시문집茶山詩文集》 17권 〈장천용전張天慵傳〉

이듬해 봄 중국 사신이 올 때에, 예전 장천용에게 덕을 베풀었던 어떤 사람이 평산지방 관아를 보수하는 일을 맡아서, 장천용을 불러다가 단청을 하도록 했다. 같은 일을 하던 사람이 아버지의 복服을 입고 있었다. 장천용은 그의 상장에서 기이한 소리가 나는 것을 보고는 밤에 그것을 훔쳤다. 구멍을 뚫어서 통소를 만든 후 태백산성 중봉 꼭대기에 올라 밤새도록 불다가 돌아왔다. 그 사람이 화를 내며 장천용을 심하게 꾸짖자 장천용은 마침내 떠나버렸다.

越明年春, 燕使來, 有嘗有德于天慵者, 掌修平山府館廨, 要天慵施丹碧. 而同事者持父服, 天慵見其杖奇竹有異音. 乃夜竊之, 鑿孔爲洞簫, 登太白山城中峯之頂, 吹之竟夜而還. 同事者恚甚叱之, 天慵遂去.

◉── 이제현, 《역옹패설櫟翁稗說》

봉익대부 홍순은 충정공 홍자번의 아들이다. 항상 상서 이순과 내기 바둑을 두었다. 이순이 골동품과 글씨, 그림 등을 걸었다가 다 빼앗기고 마지막에는 보물로 여기는 거문고를 걸었는데 그마저 홍순에게 빼앗겼다. 이순이 거문고를 주면서, "이 거문고는 우리 집의 가보일세. 200년 가까이 전해진 것이지. 물건은 오래되면 귀신이 붙는 법이니 잘 보관하게" 하였다. 홍순이 특별히 겁이 많고 꺼리는 것이 많기 때문에 이순이 장난을 쳤던 것이다.

어느 몹시 추운 밤에 거문고 줄이 얼어 끊기면서 뚜웅 하고 울렸다. 홍순은 거문고에 귀신이 있다는 말이 퍼뜩 떠올라 급히 등불을 가져오게 하여 복숭아나무 가지와 갈대 잎으로 마구 때렸다. 치면 칠수록 거문고가 더욱 소리를 내니 매우 의심스러워 종들을 불러 서로 지키게 하였다. 동이 터오자 종 연수를 시켜 거문고를 이순에게 가져다주게 하였다. 이순은 아침 일찍 찾아온 것을 이상히 여기다가 거문고에 매 자국이 어지럽게 나 있는 것을 보고는 속여 말하였다.

"내가 이 거문고 때문에 오랫동안 걱정하여 여러 번 깨뜨리거나 버리려 했지만 귀신의 화를 입을까 두려웠네. 이제야 다행히 공에게 맡기게 되었는데 어찌 도로 가져오는가?"

거절하며 받지 않으려 하자 홍순은 어쩔 줄 몰라 하면서 전에 내기하여 얻은 서화와 골동품 등을 거문고와 함께 보내었다. 이순은 할 수 없이 받는 것처럼 하였다. 홍순은 실정을 깨닫지 못하고 거문고를 돌려보낸 것만 다행이라 여겼다.

洪奉翊忠正公子也. 常與李尙書淳對碁. 李輸骨董書畫殆盡, 以所寶玄鶴琴爲孤
注, 洪賭得之, 李取其琴以與曰: "此琴吾家靑氈也. 相傳幾二百年, 物旣久頗有
神, 公謹藏之." 李特以洪性多畏忌, 爲之戲耳. 一日夜極寒, 琴絃凍絶, 琤然而響,
忽念有神之語, 急炷燈用桃枊亂擊, 琴遭擊愈響則愈惑, 喚婢僕相守. 至黎明, 使
僕延壽者, 持琴送李氏, 李怪其早來, 又見琴有亂擊之痕, 紿曰: "吾久患此琴, 屢
欲破棄, 又恐見祟. 幸付於公, 何以還爲." 拒不納, 洪大窘, 擧前所賭書畫骨董輩,
隨琴悉送與之, 李爲不得已而受焉. 洪不悟, 自以還琴爲幸.

238

제3부 삶은 끝나도 음악은 남는다

1. 사랑: 내 마음을 받아주오

◉── 이덕형,《송도기이》

진이는 송도의 이름난 기생이다. 그의 어미 현금도 자색이 아름다웠다. 나이 열여덟에 병부교 밑에서 빨래를 하였다. 다리 위에 어떤 한 사람이 있었는데 모습이 단아하고 의관도 화려하며 아름다웠다. 그가 현금을 눈여겨보면서 웃기도 하고 손가락으로 가리키기도 하였다. 현금도 마음이 움직였다. 그러다 그 사람이 갑자기 보이지 않았다. 해가 이미 기울어 빨래하던 여자들이 모두 흩어졌다.

그 사람이 갑자기 병부교 가에 와서 기둥에 기대어 길게 노래하였다. 노래를 마치자 물을 달라 하였다. 현금이 표주박에 물을 가득 떠서 주자 그 사람이 반쯤 마시고는 웃으며 돌려주면서 "너도 한 번 마셔보아라" 하므로, 마셔보니 술이었다. 현금은 놀라고 이상히 여겼다. 이로 인하여 함께 이야기하며 즐거워하다가 마침내 진이를 낳았다.

진이는 용모와 재주가 당시 제일이고 노래도 절창이었다. 사람들은 그녀를 선녀라고 불렀다.

眞伊者, 松都名娼也. 母玄琴頗有姿色. 年十八浣布於兵部橋下, 橋上有一人, 形容端妙衣冠華美, 注目玄琴, 或笑或指, 玄琴亦心動. 其人仍忽不見. 日已向夕, 漂女盡散. 其人倏來橋上, 倚柱長歌, 歌竟求飮. 玄琴以瓢盛水而進, 其人半飮, 笑而還與曰: "汝且試飮之." 乃酒也. 玄琴驚異之, 因與講歡, 遂生眞娘. 色貌才藝妙絶一時. 歌亦絶唱. 人號爲仙女.

◉——《사기》117권〈사마상여열전司馬相如列傳〉

사마상여가 사양하다가 한두 곡조 연주하였다. 이때에 탁왕손에게는 막 과부가 된 탁문군이라는 딸이 있었다. 그녀는 음악을 좋아하였다. ……사마상여가 탁 씨 집에서 술을 마시고 거문고를 탈 때에 탁문군은 문틈으로 몰래 그를 엿보았다. 속으로 기뻐하며 그를 좋아하게 되었으나 그의 짝이 될 수 없을까봐 걱정하였다. 술자리가 끝난 후 사마상여는 사람을 보내어 탁문군을 모시는 종에게 선물을 두둑하게 주어 은근히 함께하자는 뜻을 전달하였다. 탁문군은 밤에 도망쳐서 사마상여에게로 갔다. 그래서 사마상여는 그녀와 함께 성도로 달려 돌아왔다. 사마상여가 사는 집은 너무 가난하여 네 벽만 있을 뿐이었다.

相如辭謝, 爲鼓一再行. 是時卓王孫有女文君新寡, 好音. ……及飮卓氏, 弄琴, 文
君竊從戶窺之, 心悅而好之, 恐不得當也. 旣罷, 相如乃使人重賜文君侍者通殷
勤. 文君夜亡奔相如. 相如乃與馳歸成都, 家居徒四壁立.

●──《동주열국지東周列國志》 상 〈농옥취소쌍과봉弄玉吹簫雙跨鳳, 순배진립영
公盾背秦立靈公〉

농옥은 진목공의 딸로, 어릴 때부터 무척 아름다웠다. 또 음악을 매우
좋아하여, 퉁소 연주에서는 고수로 통했다. ……꿈에 어떤 용모가 준수
한 소년이 퉁소를 불며 봉황을 타고 너울너울 날아왔다. 소년이 농옥에
게 말하였다.

"나는 소사라고 합니다. 화산에 살지요. 퉁소를 부는 것을 매우 좋아
하는 까닭에 당신의 연주를 듣고도 싶고 당신과 화음을 맞추며 친구가
되고도 싶어 왔습니다."

말을 마치자 그가 퉁소를 꺼내 불기 시작했다. 그 소리가 부드럽고
아름다워 듣고 있던 농옥의 마음도 움직였다. 그래서 농옥도 퉁소를 꺼
내어 함께 화음을 맞추었다. 한 곡 또 한 곡 연주할 때마다 서로를 향
해 마음을 열게 되었다. 이는 진정 감미로운 꿈이었다.

꿈에서 깬 후로도 농옥은 꿈속에서의 그 장면이 떠오르는 것을 억
제하지 못하고, 또 꿈에 본 그 준수한 소년을 잊을 수 없었다. 나중에

진목공이 딸의 마음을 알게 되어 사람을 화산에 보내어 꿈속에 보았던 사람이 있는지 찾아보게 하였다. 그곳에서 과연 소사라 불리는 소년을 찾게 되었다. 또 그와 만날 때 그는 정말 퉁소를 불고 있었다. 농옥은 소사를 보자 매우 기뻐하였다. 꿈속에서 보았던 바로 그 소년이었던 것이다.

弄玉秦穆公的女兒, 她長得非常漂亮. 而且很喜歡音樂, 是一個吹簫高手. ……
夢中一個英俊少年著簫, 騎著一隻彩, 鳳翩翩飛來. 少年對弄玉說:"我叫蕭史,
住在華山. 我恨喜歡吹簫, 因爲聽到妳的吹奏, 特地來這裡和你交個朋友."說完,
他就開始吹簫, 簫聲悠美, 聽得弄玉芳心暗動. 於是也拿出簫合奏. 他們吹了一曲
又一曲, 非常開心. 這是一個多甛美的夢呀! 弄玉醒來後, 不禁一再回想夢中的情
景, 對那位俊美少年再也不能忘懷. 後來, 秦穆公知道女兒的心事, 就派人到華
山去尋找這位夢中人. 沒想到果眞找到一位名叫蕭史的少年, 而且他也眞會吹簫.
等弄玉見到蕭史, 她眞是太高興了, 因爲蕭史就是她夢裡的少年啊.

◉── 유몽인, 만종재본 《어우야담》

상국 심수경은 어렸을 때 풍채와 거동이 아름다웠으며 음악도 해득하였다. 어느 땐가 청원군의 집 바깥채에 거처하고 있었다. 가을밤 달이 중천에 뜨자 연못가에서 거문고를 타는데, 나이가 어리면서도 자태가

242

고운 어떤 궁녀가 안에서 나와 절하였다. 상국이 그녀를 맞이하여 앉게 하였다. 그녀가 말하였다.

"저는 홀로 빈 궁을 지키면서 나리의 맑은 거동을 바라보고는 속으로 늘 사모하였습니다. 오늘 들으니, 아름다운 거문고 가락에 더욱 운치가 있어서 감히 나와 절을 올리오니 한 곡조만 더 들려주십시오."

상국은 몇 곡조 연주한 뒤 이내 거문고를 안고 나왔다. 그 뒤로 다시는 그 집에 거처하지 않았다. 그 여인은 상사병으로 속을 끓이다가 끝내 죽고 말았다.

沈相國守慶, 少時美風儀, 解音樂, 嘗避寓淸原君家外廳. 秋夜月午, 臨蓮池彈琴. 有一宮女, 年少多姿, 自內而出拜. 相國迎之上坐, 女曰: "妾獨守空宮, 自內望見淸儀, 心常慕之. 今聞雅琴調甚高, 敢冒出而拜, 願再聞一曲." 相國爲弄數調, 乃抱琴而出. 自此不復寓其室, 其女思想勞心, 終至病死.

2. 감동: 세상을 움직이는 예술

◉── 일연, 《삼국유사》 5권 〈피은避隱〉

승려 영재는 성품이 낙천적이며, 만물에 얽매이지 않았고, 향가를 잘하기도 하였다. 연말에 남쪽 산악에 은거하려고 가다가 큰 고개에서 도적떼 수십 명을 만났다. 그들이 자신을 해치려 하였지만 영재는 칼을 앞두고도 두려워하는 빛이 없이 태연히 이를 받아들였다. 도적이 이상히 여겨 이름을 묻자 영재라고 했다. 도적들은 평소 그 이름을 들었던 터라 그에게 노래를 불러보라 하였다. ……도적들이 그 뜻에 감동하여 비단 두 동을 내어주니 영재는 웃으면서 거절하며 말했다.

"재물은 지옥으로 가는 근본이라는 것을 알았기 때문에 피하여 깊은 산에 들어가 한 생애를 마치려는데 어찌 그것을 받겠습니까."

그러면서 비단을 땅에 던지니 도적들이 다시 그 말에 감동을 받았다. 다들 도끼와 창을 내던지고 머리를 깎고서 문도가 되어 지리산에 함께 은거하며 다시는 세상을 밟지 않았다.

釋永才, 性滑稽, 不累於物, 善鄉歌. 暮歲將隱于南岳, 至大峴嶺, 遇賊六十餘人. 將加害, 才臨刃無懼色, 怡然當之. 賊怪而問其名曰永才. 賊素聞其名, 乃命作歌. ……賊感其意, 贈之綾二端, 才笑而前謝曰: "知財賄之爲地獄根本, 將避於窮山

以錢一生, 何敢受焉." 乃投之地. 賊又感其言, 皆釋鉞投戈, 落髮爲徒, 同隱智異,
不復蹈世.

●── 최동주崔東洲, 《500년기담》 〈취적산도吹笛散盜〉*

종실 단천수 주경은 피리를 잘 불었다. 하루는 일 때문에 개성 청석고
개를 지나게 되었는데 이때는 도적 임꺽정이 경기와 황해지방 사이에서
노략질을 할 때였다. 도적이 그를 잡아 이름을 물었다.

"종실 단천수다."

"그렇다면 나뭇가지나 잎으로도 피리를 잘 분다는 그 단천수가 아니
냐?"

도적이 시험 삼아 피리를 불어보라 했다. 이때에 달이 매우 밝았다.
소매에서 피리를 꺼내니 그것은 곧 학의 정강이뼈였다. 몸통은 짧으나
소리가 맑았다. 우조를 연주하니 도적 수십 명이 둘러앉아 들었다. 곡조
가 용솟음치듯 날아올라 하늘에 닿을 듯한 기세가 있다가 이윽고 서서
히 변하여 계면조를 연주하니 곡조가 아직 마치지 않았을 때에 모두가
한숨을 쉬며 탄식하면서 심지어 눈물을 흘리기까지 하는 사람이 있었

---

* 이 글은 한글로 기록되어 있으나 고어투라 읽기가 어려운 점을 고려해 뜻을 해치지 않는 범위
  에서 현대 어법에 맞게 고쳤다. 따라서 한글 원문은 따로 표기하지 않았다.

다. 임꺽정이 여러 도적의 동정을 보고 손을 내저으며 급히 멈추게 하며
말했다.

"잡아두어봐야 소용이 없으니 돌려보내는 것이 좋겠다."

그러고는 차고 있던 작은 칼을 풀어서 주었다.

"길 가다가 방해하는 자가 있거든 이것을 보여주거라."

주경이 발길을 돌려 장단에 도착하니 과연 여러 명의 도적이 그를
해치고자 하다가 칼을 보고는 소리를 지르며 흩어진 까닭에 주경은 도
적굴을 빠져나올 수 있었다.

◉── 《열자》 〈탕문〉

옛날에 한아가 동쪽으로 제나라에 갔다. 삼태기를 지고 옹문을 지나
다니며 노래를 불러서 밥을 빌어먹었다. 그가 지나간 후에도 남은 소리
가 들보 주위에 맴돌며 사흘 동안 끊이지 않았으므로 주위의 사람들은
그가 떠나지 않은 줄로 알았다.

그가 여관에 들렀는데 여관 사람이 그를 욕보이므로, 한아가 목소리
를 길게 빼어 느리게 노래를 불렀다. 그랬더니 온 마을의 늙은이부터 어
린아이까지 모두 슬퍼하며 눈물을 흘리면서 서로 마주 앉아 사흘 동
안 밥을 먹지 않고 급히 그를 뒤쫓아가는 것이었다. 한아가 돌아와 다
시 목소리를 길게 빼어 노래를 부르니 온 마을의 늙은이부터 어린이까

지 펄쩍펄쩍 뛰면서 손뼉을 치며 춤추어 스스로 억제하지 못하면서 전에 슬퍼하던 것을 잊게 되었다. 그래서 한아에게 선물을 후하게 주어 보냈다. 그런 까닭에 옹문의 사람들은 지금까지도 노래와 곡을 잘한다. 이는 한아가 남긴 소리 때문이라 한다.

昔韓娥東之齊, 匱糧過雍門, 鬻歌假食, 旣去而餘音繞梁欐, 三日不絶, 左右以其人弗去. 過逆旅, 逆旅人辱之, 韓娥因曼聲哀哭, 一里老幼, 悲愁垂涕相對, 三日不食, 遽而追之. 娥還復爲曼聲長歌, 一里老幼, 善躍抃舞, 弗能自禁, 忘向之悲也. 乃厚賂發之. 故雍門之人, 至今善歌哭, 放娥之遺聲.

◉──《열자》〈탕문〉

옛날 진秦나라의 설담이 진청에게 노래를 배웠다. 아직 스승 진청의 모든 것을 다 익히지 못하였으면서도 스스로는 스승에게 더 배울 것이 없다고 생각하였다. 마침내 돌아가겠다고 하니 진청은 말리지 않았다. 제자를 교외 네거리까지 전송한 후 진청은 절이라는 악기를 손에 들고 슬픈 곡조를 불렀다. 그 소리에 숲이 진동하였을 뿐 아니라 구름도 가기를 멈출 정도였다. 그때에야 제자 설담은 사죄하며 되돌아가기를 청하였다. 이후로는 평생토록 돌아가겠다는 말을 하지 못하였다.

薛譚學謳於秦青, 未窮青之技, 自謂盡之. 遂辭歸, 秦青弗止. 餞於郊衢, 撫節悲歌, 聲振林木, 響遏行雲. 薛譚乃謝求反, 終身不敢言歸.

⊙── 김안로, 《용천담적기》

우리 조선에서는 거문고 악사 이마지의 솜씨가 당대 으뜸이다. 가운뎃손가락으로 제일궁第─宮을 짚고 아래 손가락으로 가볍게도 무겁게도 하면서 꺾고 흔드니, 오음육률의 맑고 탁하며 높고 낮으며 가늘고 굵으며 성글고 촘촘한 소리가 모두 여기에서 나왔다. 곡조의 기이한 변화가 당시의 악사들보다 출중하니, 음악을 즐기는 사람들이 다투어 맞아갔다. 달밤이면 빈 대청에 앉아 손이 가는 대로 한 가락을 타는데, 그러면 바람이 일고 물이 용솟음치며 날씨는 추워지고 귀신이 휘파람을 부는 듯하여 듣는 사람들의 머리카락이 쭈뼛쭈뼛 설 정도였다.

하루는 정승이나 귀한 손님만 쭉 앉아 있는 자리에서 이마지가 온 마음을 다하여 연주를 하였다. 구름이 가며 냇물이 흐르는 것처럼 끊어질 듯 계속 이어지기도 하고, 갑자기 툭 터졌다가 콱 막히기도 하면서 펼쳐내는 것이 변화무쌍하니 자리에 있던 사람들이 모두 입맛을 잃고 술 마시기를 멈추었다. 귀를 기울이며 골똘히 생각하니 멍한 모습이 나무토막 같을 지경이었다. 갑자기 고운 소리로 바꾸니 버들이 흔들리듯 꽃잎이 날리듯 하면서 주변 경치가 이와 융합되어 저도 모르게 정신이 취하고 사지가 늘어지는 것이었다. 또 굳세고 빠른 소리를 격렬하게 내니 깃발을 드리우고 북을 치면서 100만 대군이 일제히 일어나는 듯하여 저도 모르게 기운이 치솟고 정신이 번쩍 들어 몸을 날리고 춤추며 손뼉을 치게 되었다. 조금 후에 상성으로 바꾸어 마음껏 펼치니 산림이 요동치고 산과 골이 모두 울렸다. 치조로 하니 원숭이가 수심에 젖고 두견새가 원망하는 듯하며 잎들이 모두 아래로 처졌다. 진실로 처연한 기분이 뼛속까지 들어오니 남모르는 눈물이 속눈썹 밑에 고였다. 이때에 다시 이어서 기러기발을 정리하여 쭉 그으며 옮기니 우레가 지난 후인 양 웅웅거리는 남은 소리가 창틈에서 울렸다.

國朝有琴師李馬智者, 手法妙一時, 以長指按第一宮, 下指乍輕乍重, 抑抑搖轉, 五音六律, 清濁高下, 細大疎數, 皆於是出. 聲調奇變, 迥絶流輩, 賞音之士, 爭邀競致. 每於虛堂月夜, 信手一鼓, 風起水湧, 天寒鬼嘯, 聽之者毛髮慄然. 一日座上皆卿相貴客, 李師極意調弄, 雲流川瀉, 續續不絶, 倏開忽闔, 舒慘難定. 座上方忘味停酒, 結耳凝思, 嗒然如喬木. 忽流爲艶佚, 絮蕩花亂, 光景融冶, 不覺怡魂醉心, 肢體弛漫. 又激爲壯迅, 旗偃鼓作, 百萬齊起, 不覺氣奮神聳, 躍身舞手. 俄變商聲大肆則搖林震木, 山谷皆應, 徵調則猿愁鵑怨, 木葉俱下, 固已凄情酸骨, 暗淚承睫. 乃復整徽移軫一劃, 雷過而輟, 餘響裊裊, 窓隙皆鳴.

◉──《삼국유사》5권 〈감통感通〉

월명사는 사천왕사에 살았다. 그는 피리를 잘 불었다. 일찍이 달밤에 피리를 불면서 문 앞 큰길을 지났더니 가던 달조차도 멈추었다. 이로 인해 그 길을 월명리라 했고 월명사도 이 때문에 유명해졌다.

明常居四天王寺. 善吹笛, 嘗月夜吹過門前大路, 月馭爲之停輪, 因名其路曰月明里, 師亦以是著名.

◉──유몽인, 만종재본 《어우야담》3권 〈학예〉

하윤침이 어떤 사람인지는 모르나 옥피리를 부는 데 솜씨가 있었다. 일찍이 바다를 건너다 역풍을 만나 배를 섬에 정박시킨 채 열흘을 지내게 되었다. 계속해서 바람의 기세는 더욱 거세지니 마음이 몹시 좋지 못하여 날마다 옥피리로 소일하고 있었다. 그러던 어느 날 밤, 같은 배를 탔던 어떤 사람의 꿈에 백발을 늘어뜨린 키 큰 한 신인이 나타나 이렇게 말했다.

"내일 내가 너에게 순풍을 줄 것이니 너는 모름지기 나를 위해 하윤침을 남겨두고 떠나거라. 그렇지 않으면 절대 물을 건너지 못하게 하겠다."

뱃사람들끼리 은밀히 서로 이 꿈에 대해 이야기해보았더니 다들 같은 꿈을 꾼 것이었다. 그 신인의 용모와 말이 모두 같았다. 뱃사람들이 크게 두려워하면서 서로 의논하여 식량과 여러 필요한 물건을 많이 가져다 동굴에 두고 그의 옥피리도 훔쳐다 거기에 두었다.

닻을 올리고 출발하려 할 즈음 거짓으로 깜짝 놀라는 척하면서 하윤침에게 말했다.

"식량과 여러 필요한 물건과 옥피리를 동굴에 두었던 것을 잊어버리고 왔네. 빨리 가서 가져오게."

하윤침이 배에서 내리자 다들 힘을 합하여 배를 저어 떠나가니 하윤침은 발을 구르며 소리를 질렀다. 이후 어떻게 되었는지는 모른다. 지금도 뱃사람들이 이 섬을 오갈 때면 종종 안개가 긴 아침, 달이 뜬 밤에 옥피리 소리가 들린다고 한다. 그래서 그 섬을 취적도라 부른다.

有河允沈者不知何許人. 善吹玉笛. 嘗渡海遇逆風, 泊舟島中連旬留, 連風勢益不順, 甚無悰. 日夜吹玉笛以自遣, 舟中有一人夜夢, 神人白髮頎而長, 謂舟人曰: "明日, 我借爾便風, 須爲我留河允沈而去. 不然必不借利涉." 舟人密與相語, 渾舟之夢盡然. 其神之容貌言語皆如之. 舟中人大恐, 相與謀, 多取糧及諸需, 置巖穴, 並偸其玉笛而留. 旣擧矴而將發, 佯驚謂允沈曰: "忘糗糧及諸需玉笛扵巖穴中而來. 速往取來." 允沈下船, 衆齊力刺船而去, 允沈頓足號呼. 莫知所終. 至今舟人往來過是島, 往往烟朝月夕聞玉笛之聲. 故號其島爲吹笛島.

3. 평생: 음악가의 말년을 지켜준 악기들

◉── 조수삼, 《추재기이》〈손고사孫瞽師〉

손봉사는 점치는 일에는 재주가 없으나 노래는 잘하였다. 이른바 우리
나라의 우조와 계면조의 길고 짧고 높고 낮은 스물네 가지 소리를 모두
섭렵하지 않은 것이 없었다. 날마다 저잣거리 어귀에 앉아 크고 가는 소
리로 노래를 하였다. 바야흐로 잘하는 대목에 이르면 담처럼 둘러싸고
있던 사람들이 비 오듯 돈을 던져주었다. 손으로 더듬어보아서 100냥쯤
되면 즉시 일어나 떠나면서 이렇게 말하는 것이었다.

"이만하면 한 번 취하도록 마실 수 있겠다."

孫姓, 瞽師不閑卜術, 而善歌曲. 所謂東國羽調界面, 長短高低廿四聲, 無不淹博
貫通, 日坐街頭大謳細唱, 方其得意處, 聽者如堵, 投錢如雨. 手扠而計爲百文,
卽起去曰: "此足爲一醉資."

◉── 장지연, 《일사유사》 2권

장우벽의 자는 명중이고 호는 죽헌으로, 고려 태사 장길의 후손이다.
무리 중에 빼어나고 우뚝하였으며 효성과 우애로 세상에 유명했다. 쓰

고 외우는 것을 일삼지 않았으나 때로 문장을 지으면 뛰어나고 우아하여 읊을 만하였다. 음보蔭補로 예관을 드나들다가 1년도 되지 않아 관직을 버리고 떠나며, "부모님께서 계시지 않으니 녹은 구해 무엇하겠는가?" 하였다. 그때부터는 자연에 마음에 두고 산과 계곡들을 마음대로 돌아다녔다.

음률을 깨우쳐 직접 노래를 지어 매화점으로 박자를 맞추니 관현악의 옥피리 소리와 거의 비슷했다. 날마다 인왕산 봉우리에 올라 노래를 부르고 돌아오므로 사람들이 그곳을 가대라 하였다. 나이 여든에 집에서 죽었다.

張友壁의 字明仲이오 號竹軒이니 高麗太師吉之後也라. 卓犖不群호고 以孝友聞이라 不事記誦호디 時爲文章에 雋雅可誦이라. 以蔭補通禮官이러니 未周歲에 棄官去曰: "親不在어니 何祿爲리오." 乃放情山水間호야 一邱一壑을 自謂過之러라 曉於音律호야 自製歌拍之梅花點호니 殆管絃之玉尺也라. 日登仁王峰호야 放歌而歸호디 人이 指其處曰歌臺라호더라. 年八十에 終于家호였다.

◉── 서거정, 《필원잡기》 1권

문정공 맹사성은 성품이 맑고 깨끗하며 단정하고 묵직하여 재상으

로 있으면서 늘 대체를 지켰다. ……공은 음률을 깨우쳐서 항상 피
리를 잡고 하루에 서너 곡씩 불면서 문을 닫고 손님을 받지 않다가
일을 보고하러 오는 사람이 있으면 문을 열어 맞이하게 하였다. 여
름이면 소나무 그늘 아래에 앉고 겨울이면 방안 부들자리에 앉아
있을 뿐 곁에 다른 물건은 없었다. 일을 아뢰러 온 사람이 가고 나
면 다시 문을 닫았다. 보고하러 오는 사람은 동구 밖에 이르러 피
리 소리가 들리면 공이 계신 것이 틀림없다는 것을 알 정도였다.

孟文貞公思誠淸簡端重, 在相府持大體. ……文貞性解音律, 常執一笛, 日弄三四
聲, 關門不接賓客, 有稟事者, 令人開門引接. 夏則坐松陰, 冬則坐房內蒲茵, 左右
無他物. 稟事者去, 旋卽關門. 稟事者到洞口, 聞笛聲則知公之必在.

◉── 성대중, 《청성집靑城集》 6권 〈기유춘오낙회〉

담헌 홍대용은 가야금을 앞에 놓고, 성경 홍경성은 거문고를 잡으며, 경
산 이한진은 소매에서 통소를 꺼내고, 김억은 양금을 당겼다. 장악원 악
공 보안도 국수라 생황을 불었는데, 담헌의 유춘오에 함께했다. 성습 유
학중은 노래로 거들었다. 교교재 김용겸은 나이가 많은 탓에 높은 자리
에 앉았다. 향기로운 술로 거나해지자 여러 음악이 어우러졌다. 동산은
깊어 대낮에도 고요한데 지는 꽃잎이 계단에 가득했다. 궁성宮聲과 우성

羽聲이 번갈아 연주되자 곡조가 깊고 그윽한 경지에 들어섰다.

洪湛軒大容置伽倻琴, 洪聖景景性操玄琴, 李京山漢鎭袖洞簫, 金檍挈西洋琴. 樂
院工普安, 亦國手也, 秦笙簧, 會于湛軒之留春塢. 俞聖習學中侑之以歌. 嘐嘐金
公用謙, 以年德臨高坐. 芳酒微醺, 衆樂交作. 園深晝靜, 落花盈階. 宮羽遞進, 調
入幽眇.

◉── 강세황,《표암유고豹菴遺稿》4권〈단원기〉

내가 알기로, 단원은 명나라 때 이장형의 호다. 김홍도 군이 본떠서 자
기의 호를 삼은 것은 무슨 생각에서인가? 그가 문사로서 고상하고 밝
았으며, 그림도 기이하고 전아했던 것을 사모한 것일 게다. 지금 김홍도
란 사람은, 생김새가 곱고 빼어날 뿐 아니라 속마음도 세속을 벗어나 있
다. 보는 사람마다 그가 고아하게 세속을 벗어난 사람이지 시골의 보통
무리들과는 다르다는 것을 알 수 있다. 성품상 거문고나 피리의 우아한
소리를 좋아하여 매번 꽃 핀 달밤이 되면 때때로 한두 곡조를 연주하
는 것으로 즐거움을 삼았다. 그의 솜씨가 옛사람을 따라잡을 수 있는
것은 말할 것도 없거니와 그 풍채도 훤칠하여 진이나 송나라 때의 높은
선비 가운데 이장형 같은 사람에게 비할 수 있을 것이다. 이미 고원하
여 그만 못할 것이 없다.

余惟檀園, 乃明朝李長蘅之號也. 君之襲以爲己有者, 其意何在 不過慕其文士之
高朗, 繪事之奇雅而已. 今者士能之爲人, 眉目姣秀, 襟懷脫灑, 見者皆可知爲高
雅超俗, 非閭巷庸瑣之倫. 性且喜琴笛雅音, 每當花月之夕, 時弄一兩操, 以自娛.
卽無論其技藝之直追古人, 風神軒軒霞擧, 可以求於晉宋間高士, 若方之於李長
蘅也, 則已遠過, 而無不及矣.

◉── 강세황, 《표암유고》 4권 〈산향기山響記〉

일찍이 구양수가 한 말을 보니 "거문고를 배워 그것을 즐기면 몸에 병
이 있는 줄도 모르게 된다"고 하였다. 그래서 다시 거문고에 뜻을 두어
그 한가하고 담박하며, 그윽하고 고원한 소리를 얻음으로써 내 마음의
뜻을 조화롭게 하고 내 우울함을 털어버리려 하였다. 옛날 백아가 거문
고를 연주하면 종자기는 그의 뜻이 산수에 있음을 알아차렸다 한다. 대
개 거문고가 내는 소리는 산수와 꼭 어울린다. 그러나 내가 어찌 깊은
골짝, 기이한 바위, 나는 듯한 폭포수, 사나운 물결 사이에서 거문고를
안고 그 자연의 소리를 부려 서로 화답하고 호응하게 하겠는가.

이에 거처하는 작은 서재 네 벽에 온통 산수화를 그렸다. 산봉우리
가 첩첩이고 하늘은 물방울이 맺힌 듯 푸르렀으며, 계곡 사이로 샘물
이 내닫고 구름 사이로 봉우리가 솟아 나왔다. 은둔자의 거처와 도사
의 집, 절간들이 크고 높은 나무 사이에 은은하게 보일 듯 말 듯 비치

고, 들판의 다리와 고기잡이배에 노니는 사람들이 그치지 않았다. 아침 저녁으로 눈비 내리고, 어두워지고 밝아지는 흐름이 뚜렷이 눈에 보이지 않은 것이 없었다. 진짜 산수만 못하다고 할 만한 것은 오직 자연의 맑은 소리가 없는 것뿐이었다.

내가 이따금 거문고를 만져 곡조를 타서 그 사이에서 궁음宮音과 상음商音을 내면 예스러운 곡조와 우아한 운치에 나도 모르게 시원스레 그것과 하나가 되었다. 어떤 때에는 세찬 여울물이 돌에 부딪는 듯도 하고, 더러는 잔잔한 바람이 솔숲에 드는 듯도 하였으며, 때로는 어부들의 뱃노래 같기도 했고, 혹은 절간의 저물녘 종소리 같기도 하였다. 더러는 숲속에서 우는 학과 같기도 하고 이따금은 물속에서 읊조리는 용과도 같아서 산수 간의 모든 소리가 갖추어지지 않은 것이 없었다. 이미 경치를 모두 살렸고 또 그 소리도 얻은 것이다. 이 둘이 합쳐져 하나가 되니 문득 그림이 그림인지 거문고가 거문고인지조차 알지 못하게 되었다. 이를 얻어서 바야흐로 병을 잊고 소원을 풀며 마음도 평화롭고 우울함까지 달아났다. 그러니 내가 또 어찌 반드시 지팡이를 짚고 신발을 신어 몸과 정신을 수고롭고 야위게 하면서 험한 곳을 오르고 자갈밭을 헤친 뒤에야 비로소 유쾌하게 여기겠는가. 종병은 그가 예전에 다녀본 곳을 방에 그려두고서 "거문고 곡조로 온 산 울리게 하고파라" 하였으니 진실로 나보다 먼저 터득한 사람이라 할 만하다.

嘗讀歐陽子之言曰: "學琴而樂之, 不知疾之在體也." 因復有意於琴, 庶得其閒澹幽遠之音, 以求和其心志散其憂鬱焉. 昔伯牙鼓琴, 子期知其志在山水. 盖琴之爲聲, 又與山水合矣. 余安得抱琴於邃壑奇巖飛流激浪之間, 使其自然之音, 得以相答而互應乎哉.

乃於所處之小齋四壁, 俱畫山水. 層巒疊巘, 空翠如滴, 奔泉絶礀, 穿雲絡石. 幽人隱者之廬, 與夫仙觀梵宮, 隱暎蔽虧於脩篁喬木, 野橋漁舟, 遊人相續. 朝暮雨雪, 晦明向背, 無不儼然在目. 所謂不及於眞山水者, 特其無山水之淸音耳.

余時撫絃按調, 鼓宮激商於其間, 則古操雅韻, 不覺泠泠然與之相合也. 或爲驚湍之觸石, 或爲微風之入松, 或爲漁歌之欸乃, 或爲崖寺之昏鐘, 或爲林間之唳鶴, 或爲水底之吟龍, 凡於山水之音, 卽無所不具. 盖旣盡其形, 而又得其音. 二者合而爲一, 忽不知畫之爲畫, 琴之爲琴也. 得此而方可以忘疾償願和心散鬱, 余又何必扶筇躡屐, 勞形瘦神, 登崎嶇, 穿犖确而後, 始爲愉快也哉! 宗少文圖其所嘗遊履於室曰: "撫琴動操, 欲令衆山皆響", 實可謂先獲者也.

◉── 상진, 《범허정집泛虛亭集》 5권 〈자명〉

시골에서 일어나, 세 번 재상의 관부에 들었다. 늘그막에 거문고를 배워 늘 감군은 한 곡조를 타다가 천수를 마쳤다.

起自草萊, 三入相府. 晚而學琴, 常彈感君恩一曲, 以終天年.

◉──《세설신어》〈상서〉

왕자유와 왕자경 형제가 나란히 병에 걸렸는데, 동생인 자경이 먼저 죽었다. 왕자유가 곁에 있는 사람들에게 "어찌 자경의 소식은 없는 것입니까? 그 애가 이미 죽었군요" 하였다. 이 말을 하면서는 슬퍼하지 않았다. 즉시 수레를 타고 동생의 빈소로 달려갔으나 곡은 하지 않았다. 왕자경은 평소 거문고를 좋아했다. 빈소로 가자마자 영상靈牀에 앉아 왕자경의 거문고를 타보았다. 줄이 이미 곡조를 이루지 못하니 그제야 이를 땅에 내던지며 "자경아, 자경아! 사람과 거문고가 함께 죽었구나!" 하면서 한참 동안 매우 슬퍼하더니 한 달쯤 후에 그도 죽었다.

王子猷子敬俱病篤, 而子敬先亡. 子猷問左右: "何以都不聞消息? 此已喪矣." 語時了不悲. 便索輿來奔喪, 都不哭. 子敬素好琴, 便徑入, 坐靈牀上, 取子敬琴彈. 弦旣不調, 擲地云: "子敬, 子敬! 人琴俱亡!" 因慟絶良久, 月餘亦卒.

사료 속 옛 음악꾼들에게 배우는 삶의 통찰

열정, 명인과 딴따라를 가르는 한 끗

초판 1쇄 인쇄 2014년 1월 24일 **초판 1쇄 발행** 2014년 2월 3일

지은이 서신혜 **펴낸이** 연준혁

기획 설완식

출판 2분사 분사장 이부연
1부서 편집장 김남철
편집 이지은 **디자인** 조은덕
제작 이재승

펴낸곳 (주)위즈덤하우스 **출판등록** 2000년 5월 23일 제13-1071호
주소 (410-380) 경기도 고양시 일산동구 정발산로 43-20 센트럴프라자 6층
전화 031)936-4000 **팩스** 031)903-3893 **홈페이지** www.wisdomhouse.co.kr
종이 월드페이퍼 **인쇄·제본** (주)현문 **후가공** 이지앤비

값 14,000원
ISBN 978-89-93119-64-0 03900

국립중앙도서관 출판시도서목록(CIP)

열정, 명인과 딴따라를 가르는 한 끗 : 사료 속 옛 음악꾼들
에게 배우는 삶의 통찰 / 지은이: 서신혜. -- 고양 : 위즈덤
하우스, 2014
  p. ; cm

ISBN 978-89-93119-64-0 03900 : ₩14000

음악가[音樂家]

670.4-KDC5
780.2-DDC21   CIP2014001238